# 话说桐城

主　编　潘忠荣
副主编　李国春　汪茂荣

北京师范大学出版集团
BEIJING NORMAL UNIVERSITY PUBLISHING GROUP
安徽大学出版社

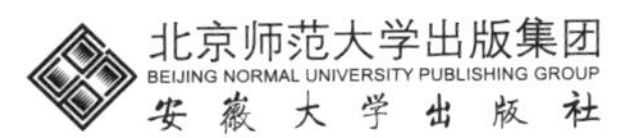

图书在版编目(CIP)数据

话说桐城 / 潘忠荣主编. -- 合肥 ：安徽大学出版社，2025. 4. -- ISBN 978-7-5664-2918-6

Ⅰ. K295.44

中国国家版本馆 CIP 数据核字第 20251YS939 号

# 话 说 桐 城

HUASHUO TONGCHENG

潘忠荣 **主编**

**出版发行**：北京师范大学出版集团
安 徽 大 学 出 版 社
(安徽省合肥市肥西路 3 号 邮编 230039)
www.bnupg.com
www.ahupress.com.cn

**印　　刷**：安徽联众印刷有限公司
**经　　销**：全国新华书店
**开　　本**：787 mm×1092 mm　1/16
**印　　张**：14.5
**字　　数**：250 千字
**版　　次**：2025 年 4 月第 1 版
**印　　次**：2025 年 4 月第 1 次印刷
**定　　价**：45.00 元

ISBN 978-7-5664-2918-6

**策划编辑**：钟　蕾　汪迎冬　杨小雨　王　慧
**责任编辑**：杨小雨　王　慧
**责任校对**：汪迎冬
**装帧设计**：李　军
**美术编辑**：李　军
**责任印制**：赵明炎

## 编委会及编纂人员名单

# 前 言

2022年9月，经安徽省委组织部的安排，我到桐城市挂职锻炼。随当地教育局同志去桐城市青少年综合素质教育基地调研时，我惊诧于这个基地里丰富的内容，尤其是关于桐城文化的几个展馆，让我的思绪直接“穿越”到过去，深深地被桐城的历史所吸引。

桐城古称“桐国”，因其地适宜种植油桐而得名。唐至德二年（757）正式定名“桐城”，迄今已有1 200多年。桐城素有崇文重教的优良传统，秉承“穷不丢书，富不丢猪”传统，曾有“五里三进士，隔河两状元”的繁盛景象。明清两代，邑人竞相以科第起家。一邑之地中进士者240人，举人640人，贡生509人，诗坛艺苑，群芳云集；学林宦海，鸿儒荟萃。齐之鸾、何唐、何如宠、左光斗、方以智、钱澄之、张英、张廷玉、戴名世、方苞、刘大櫆、姚鼐、姚莹等名人辈出，一时“文章甲天下，冠盖满京华”。中国文学史上最大的散文流派——“桐城派”也由此形成，其散文理论讲究义理、考据、辞章，为文坚持守正、创新、融通、经世。这支文派主盟清代文坛200余年，归附作家1 200余人。近现代以来，截至目前，桐城已先后走出近20名院士、5 000名博士，他们分赴祖国的各个行业领域，均为国之栋梁。

文化的繁荣，历史的深厚，让我迫切地想更进一步了解这片土地。我在遍寻图书增进了解的过程中发现，虽然有关桐城文化与历史人物的图书很多，但供大众全面了解桐城的普及类图书很少。在与当地文化界前辈的沟通中发现，大家都有这种感觉，我便有了一个设想：能不能将有关桐城的地理、历史、文化、艺术、经济等，拣其重点，扼其精要，编写一简易读本，用浅显的文字让人们能在短时间内对桐城有一个全面的了解。

此设想竟得到了桐城市新华书店、安徽大学出版社，尤其是桐城市文化界老前辈们的大力支持！于是很快地，我们便成立了由潘忠荣老先生

“挂帅”，来自文旅、教育、文联等系统的李国春、汪茂云、方宁胜、欧阳健子、张新富、叶鑫、舒林、汪文涛等资深专家亲自主笔的一支作者团队。潘老曾担任桐城市地方志办公室主任，业务精湛，对桐城历史文化有着极深的研究，曾独著《行尽桐城都是诗》，主编《桐城县志》、《桐城市人大志》、《桐城掌故菁华》、《桐城记忆》、《清代文坛盟主桐城派》（合作）等书十余种，点校有（明）《桐城县志》、（清道光）《桐城续修县志》、《梅曾亮诗文集》、《龙启瑞诗文集》等，撰有《红楼梦》研究、桐城派研究文章及其他地情文章数十篇，其中（明）《桐城县志》曾获国家地方志成果一等奖。因潘老及其他编者都在行业内精耕细作多年，且饱含对地方历史文化的热爱，一直研究学习，致力于做桐城文化的守望者和传播者，所以编写此书均成竹在胸。思路一经确定，潘老便迅即拿出编撰方案，整理出内容框架和主题重点，大家一起商讨。此书几经筛选，数易其稿，最终敲定了六大主题板块、120 篇文章，努力做到聚焦重点，确保内容经典化、传播大众化，每篇文章千字左右，便于阅读理解。

2024 年 10 月 17 日，习近平总书记来到桐城市考察，走进历史文化街区，了解六尺巷历史及其传承，察看“桐城派”相关文物资料，就推动中华优秀传统文化的创造性转化、创新性发展作出重要指示。总书记的到来，让桐城各界倍感温暖、倍添信心、倍增动力，也让我心潮澎湃、倍感振奋！有幸在这物华天宝之地工作两年，我早已将这里视作自己的第二故乡，时刻感觉有份使命在身，那就是要当好桐城优秀传统文化的传承者与传播者。

经过几个月的辛苦努力，这本书即将问世！我们的内心充满激动与期待。这是一次尝试，希望能够为广大读者较为全面地了解桐城提供一本手边书，也希望在发掘地方文化以及对地方文化的保护与传承方面能够尽一点绵薄之力，也诚挚地希望广大读者在读此书时，对于不足之处给予宽容和理解，并向我们及时提出意见和建议，便于我们不断修改、进步。谢谢大家！

杜　进

（安徽省教育评估中心副主任，时任安徽省教育招生考试院招生考试监察处处长，2022 年 9 月—2024 年 9 月挂职桐城市人民政府党组成员、副市长）

# 目 录

## 山川形胜



## 历史足音

## 杏坛弦歌

## 文艺画廊

## 先贤往迹

## 社会荣景

# 山川形胜

# “天倾西北”的桐城地形

当我们伫立在中国地形图前，或者翻开初中地理课本，就会发现我们祖国地形多样，地势西高东低，呈三级阶梯状分布，毗连东南陆地的就是浩瀚的海洋。说来也巧，我们家乡桐城的地形大抵也是如此，西北高东南低，也呈三级阶梯状分布，毗连东南平地的则是宽广的湖泊。

那么，这种西高东低的地形是如何形成的呢？在我国古代神话中，有一则“共工怒触不周山”的故事。说的是很久以前，炎帝的后裔共工和黄帝的后裔颛顼争夺部落天帝之位，共工战败，愤怒地用头撞击不周山。结果支撑天的柱子被撞折了，拴系大地的绳子也被撞断了。于是天向西北倾斜，日月和星辰都向西北移动了；大地东南角塌陷，江河的积水泥沙都朝东南流去了。

远古时期，社会生产力特别低下，人们往往把那些难以解释的现象，都归结为超自然的力量，因而创造出许多神话传说，其中就包括“共工怒触不周山”的故事。我们真的很佩服远古祖先对祖国地形的观察和了解，说的基本符合事实。但是对于这种地形的形成原因却是他们无法解释的，它不是共工用头撞击出来的，而是地质运动的结果，桐城的地形成因也是如此。

19 亿年前，桐城地区还是一片汪洋大海，后经过吕梁、贝加尔、印支等褶皱运动，桐城中部地区渐渐露出海面，然后是北部和南部露出，此升彼降，反反复复，经过了漫长的 17 亿年，海洋才逐渐远去。

随后又经过2亿年的地壳变动，风侵雨蚀，才被雕饰成今天我们所见到的山地、丘陵、平原依次呈三级阶梯状分布的模样。

桐城西北山地系大别山东部余脉，重峦叠嶂，百壑争奇，一条主干山脉蜿蜒在桐城与潜山、桐城与舒城边境，并向东侧派生出了11条支脉，形成7个山系，主峰华崖山，海拔1 065米。中部丘陵由西北部山根向东南呈扇面展布，平缓倾降，中间形成17条低岗，较大的有王集岗、白沙岗、棋盘岭、沙子岗等。东南部平原主要为河积平原，由孔城河、龙眠河、挂车河、大沙河四大河冲击而戍，大致沿河道两侧平行分布，阡陌纵横，良田万顷，有似江南水乡。毗连东南部平原的是嬉子湖、白兔湖、菜子湖，三湖连体，面积100多平方千米，为桐城增添了无限的灵韵。

西北高山，东南秀水，俯仰之间，即铸就了桐城山川刚柔相济的品格气质。

（潘忠荣　撰）

# 古人眼中的桐城形胜

史传上古时，中国分为九州，我们生活的这片地域曾属“扬州”。在古人的地理概念中，相对于黄河流域的中原地区来说，扬州在淮河与黄海之间，是荒远地区，先后被称为“九夷”和“淮夷”。早在夏代，扬州之西与舒、庐并立的小国叫“南巢氏”，即今桐城之南。自秦汉置县至新中国成立之初，桐城境内疆域广大。据清代康熙《桐城县志》统计，县境东西约280里，南北约159里。县城距安庆府城120里，距江南省会（今南京市江宁区）590里，距京城3 000里。《桐城县志》上说桐城地势险要，扼江淮要冲。

桐城地域广阔，地形东南广而西北狭，北高而南低，物产丰富。自唐宋以后，历代地理学著述及地方志对桐城地理位置及风貌多有称美。在文人眼里，桐城山深水曲，充满诗意。

最早描述桐城形胜的方志是唐代《同安志》，这部志书的后序里称桐城“其山深秀而颖厚，其水迤逦而荡潏”。深秀即重峦叠嶂，风光秀绝；颖厚即人文蕴藉其中；迤逦即川流回曲，荡潏形容烟波浩渺。两句概述形象地描绘了古桐城地理特征，堪为千古佳句，后世修志，多转录传颂。

桐城地处江淮之间，大江之北，古来为兵家必争之地，《舆地纪胜》引用东晋人朱绰的话说，桐城为“淮服之屏蔽，江淮之会冲”。淮服指淮河流域广大地区，江介指长江以东之地。《安庆郡志》亦称桐城：“龙眠、峡关阻其北，浮渡、云岩经其东。下连濡须、居巢，上接潜、霍、英、六。绕群嶂而漾巨浪，淮西要地，江北名区。”可见地理位置十分险要。

古人还用简要的语言概况了桐城所处的方位，唐人作《潜山赋》，说桐城在“九江之北，三楚之南”，这是泛指。而宋代地理志说桐城“南滨大江，北界清淮”，则准确地概括出桐城在江淮之间的地理位置。具体而言，古桐城“投子峙其后，横山矗其前，江流绕其左，龙眠环其右”。清道光《桐城续修县志》更将桐城名山大川尽收眼底：“北峡南峡阻其北，横山二龙障其前，沙河挂车控其右，长江限其东。表里江湖，周环山泽”，恰似一幅山水画卷，湖天邈廓，山脉连绵，美不胜收。

（李国春　撰）

# 四季风光各不同

立春时节，虽然依旧很冷，不过气温已呈现出回升的趋势，杨柳枝头开始露出微微的绿意。不久，栖息在嬉子湖湿地的大雁振翅北归，桃花、杏花、梨花开放，莺歌燕舞，万紫千红，明媚的春天真正开始了。熏风南来，绿遍山原，水满川泽，嫣红的樱桃挂满枝头，初生的雏鸟从巢中探出毛茸茸的脑袋，夏天就到了。金风送爽的时节，沉甸甸的稻穗弯下了腰杆，金黄的大豆胀满了豆荚，饱满的红薯撑裂了覆盖在它身上的泥土，这是丰收的季节，也是宜人的季节。然后枫树的叶子渐渐变红、慢慢凋落，凛冽的寒风横扫过树杪和山尖，大雁万里迢迢又回到了嬉子湖的滩涂之上，寒霜遍地，万木萧疏，冬天来临了。这里是我们的家乡桐城，春夏秋冬，循环往复，演绎着生生不息的四季之歌。

之所以会形成这样的季节特点，是由桐城的亚热带季风气候决定的。按照气象学上的标准，桐城每年的 3 月初到 5 月初为春季，历时 60 余天，平均气温为 15.3℃；5 月中旬到 9 月中旬为夏季，历时约 130 天，平均气温为 26.8℃；9 月下旬至 11 月下旬为秋季，历时约 60 天，平均气温为 17.3℃；12 月初到次年 3 月初为冬季，历时 90 余天，平均气温为 4.3℃。

桐城市的降水量比较适宜，年平均降水日为 131 天，正常年景下平均降水量在 1 200 mm 左右。降水量季节分布差异较大，夏季降水最多，占年降水量的 46.1%，冬季降水最少，占年降水量的 8.2%；

春秋两季的降水量分别占年降水量的29.7%和16.0%。而夏季以7月降水最多，历年平均降水量为232 mm，12月和1月降水量最少，这种降水量的分布为农业生产发展提供了适宜的条件。桐城降雪多集中于2月，历年平均降雪日为9.5天，历年平均降雪量为34.4 mm。

桐城历年平均日照时数约1 988.4小时，月平均日照时数最多的月份是8月，约235.4小时，最少的月份是2月，约121.8小时。桐城的年平均蒸发量约1 460.8 mm，大于年平均降水量，但4月至7月的降水量大于蒸发量，为水库塘堰和地下水蓄积提供了足够的水源。

桐城也是一个多风的地区，春季平均风速2.8 m/s，夏秋季节2.5 m/s，冬季2.7 m/s。每年无风日大约70天，大风多出现在4月、10月、11月，每年平均有13.3天会出现大于8级的大风。桐城年平均无霜期为234天，霜期通常从11月中旬开始，至次年3月下旬结束。

影响桐城气候的另一个因素是地形地势，桐城西北为山地，东南以平原和湿地为主。由于海拔上的差异，桐城西北部的降雨量、降雪量、霜期均多于东南部，温度则较东南部偏低。

我们的家乡气候温润，降水量适中，四季分明，“春有百花秋有月，夏有凉风冬有雪”，宜农、宜居、宜商、宜游，是世世代代桐城人民的理想家园。

（舒　林　撰）

# 迤逦奇绝龙眠山

龙眠山是大别山东部余脉，主峰大徽尖海拔1 057米，峰峦叠嶂，亘绵百里。

龙眠山早先不叫龙眠，古称龙舒。汉代桐城由秦以前的“桐国”衍变为“舒”地之一隅，而所谓“舒”，因“古龙舒山”而得名。唐代《括地志》称龙眠山作龙山，说“以山状如龙形名”。《中国历史地名大辞典》释：“龙眠山，一名龙山。古称龙舒山，在今安徽舒城县西南、桐城县北，为二县界山”。

龙眠山绵亘重复，岩壑深秀。造山运动以造化之力将龙眠山“劈”出一条巨峡，千岩万壑众流汇成深溪，为东、西龙眠山分界。龙眠山溪水出古境主庙峡口便豁然开阔，那条古时被称作大溪的就是今天的龙眠河，这条桐城人的母亲河亿万年流淌不息，流入浩渺的菜子湖。古人探寻龙眠山的奥境，大多是缘大溪而上，先观近山的平远，再眺远山的高深。宋时的李公麟及其后来的方以智、张英等桐城文士们，正是沿着这条大溪溯流而上，去寻幽探秘的。

清代桐城人姚兴泉《龙眠杂忆·桐城好》描绘龙眠山胜景：“桐城好，最好是龙眠。碾玉峡前双水合，赐金园外万松圆，山借宋人传。”诗中说龙眠山借宋贤扬名天下，说出了这座名山的历史渊源。

宋代李公麟是最早发现龙眠山真境的人，他生于龙眠，晚年归老于龙眠，自号龙眠居士。李公麟留给桐城人最好的文化遗产是《龙眠山庄图》（亦称《山庄图》），他的好友黄庭坚看到《山庄图》后心驰神往，作“诸山何处是龙眠”七言绝句，赠给李公麟。李氏兄弟最终归隐于龙眠山中，后人因此称龙眠山是隐逸之山。

龙眠山既自隐于世，又栖隐了无数高人。由宋至清五六百年间，在龙眠山林泉洞岩之旁隐逸的高士不计其数。著名人物如明代左光斗，以及清初的一批逸民如方以智、方文、姚康、潘江都曾结庐于龙眠山中。潘江号木崖，他的学生戴名世称他为“羁穷之人，遁世举远之士”。潘江穷毕生之力，呕心沥血，编纂成百卷诗歌总集《龙眠风雅》，龙眠山成就了潘江，而山亦借雅什名扬海内。

在桐城先贤的心中，龙眠山像一位慈爱的母亲，她以博大的胸怀和至爱，抚慰着无数归来的宦游人。清代大学士张英最钟情于龙眠山，归老故乡后，在龙眠山双溪构筑了一幢别业，以双溪为堂名，堂中悬一联："白鸟忘机看天外云舒云卷；青山不老任庭前花落花开。"此联抒写了一代名臣卧居龙眠的逸兴，更显示出他暮年归隐的一种高致。

龙眠山以深秀著称，隐而不显，逸而不扬，这是龙眠山所蕴含的艺术精神。龙眠山孕育了桐城文化，她深秀颖厚的特质，留给后人以无穷的哲思和美的观照。

（李国春　撰）

# "鲁谼八景"入画屏

桐城东北部多山峦，北邻潜、舒，东接庐、无，境内奇峰竞秀，尤以鲁谼山最胜，其地自然景观与人文历史相辉映，素称东北画屏。

鲁谼山名，兼具自然与历史双重含义。"谼"指高峡深溪。鲁谼山海拔仅数百米，是江北的一座小山，却能以秀绝的自然风光与独特的人文内涵名闻江淮，而最能呈现此山自然与人文特质的是"鲁谼八景"。

"鲁谼八景"是清代画家金家庆为鲁谼方氏名士方守敦所绘《先人往迹图》中的八处胜迹。鲁谼山有条深溪大谷，溪水流经数十里，汇成鲁王河，其上游夹岸风景秀绝，《先人往迹图》所描绘的八处胜景，就散布于河谷两岸。

画中八处胜迹为古柏、柏堂、半天山居、清流峡、栖贤洞、小桃源、龙亭、龙井崖瀑布，它们或为山水松泉，或为田园亭舍，是方氏先祖耕猎读书、与乡邻和乐共处之所在，从方守彝据每幅图写下的八首诗中，我们依稀能寻觅到鲁谼山一带山水天然灵境，以及古代山民渔樵耕读的田园生活。

鲁谼山古柏

“鲁谼八景”中最有代表性的是“古柏”与“柏堂”。古柏迄今有约 800 岁树龄。太平天国战起，后期桐城派代表人物方宗诚举家避乱鲁谼山中，朝夕与古柏为邻，于树下朝讽夕咏。遒劲的古柏，至今仍以其卓荦风姿傲立于山中。

方宗诚居鲁谼山时，建“柏堂”一栋，读书课童，晤客著述，他的《志学录》等著作就是在柏堂写成的。与柏堂相去不远处还有“小桃源”“栖贤洞”胜迹，方宗诚在此会友、掩护志士，这里曾发生过许多慷慨悲壮的传奇。

“半天山居”是鲁谼方氏迁桐始祖居住地，方氏先祖在此耕读传家十数代，繁衍成鲁谼望族。方守彝在诗中写道：“吾族勤农耕，一壑共樵隐。”“伯叔兄弟行，比屋通篱槿。”一族和睦，其乐融融。

“清流峡”“龙亭”是鲁䃾山两处景观。峡称“清流”，有水流清澄、人家崇仁好义之意。方守彝兄弟当年往还于清流峡，常闻泉水击石，如戛玉之音。又闻童子读书琅琅，与泉声相和。与柏堂相隔一岭，有亭曰“龙亭”，相传此处有一泉眼，绵如龙涎，人饮此水，不得瘟疫，当地人曾在此建亭，保护泉水。

小桃源处有一深谷，汇流成溪。水经逼仄处，喷薄而出，长三十余米，落入深潭，潭名“龙井”。若遇春夏溪水丰沛，潭水清澈见底，或遇秋月孤悬，倒映潭中，皆妙不可言。方守彝有诗写道：“人间隐者如相访，可傍清溪问耦耕”，龙井崖瀑布地僻幽邃，堪为听瀑观月的真境。

（李国春　撰）

# 滋兰润蕙四大河

我国有四大江河，从北往南依次为黑龙江、黄河、长江、珠江。依偎在长江北岸、大别山东麓的桐城市，是我们的家乡，也有四大河流，从北往南依次是孔城河、龙眠河、挂车河、大沙河。其中大沙河发源于潜山，为县际河流；孔城河有一段为桐城和庐江的界河；其余两条大河皆发源于桐城市内，是桐城的内河。

孔城河发源于大关西北的天堂山，集桐城、庐江、枞阳三市（县）边境之水，主流到尹河街以下才真正称为孔城河，于孔城镇南注入白兔湖。全长约 36 千米，主干 8 千米，流域面积在桐城境内约 400 平方千米。主要支流有大关河、三十里铺河、鲁䃾河、木桥河、双龙河及桐庐之间的界河等。

龙眠河

龙眠河发源于桐城和舒城分界的老关岭，经境主庙水库，于苏老屋处注入嬉子湖。全长 43 千米，流域面积约 320 平方千米。主要支流有双溪、项岭河、毛河、石河以及龙河等。

挂车河发源于桐城、潜山、舒城三市（县）交界的三芝庵东南坡，经牯牛背水库，于许家嘴注入嬉子湖，全长 45 千米，流域面积约 326 平方千米。主要支流有北冲河（亦称西冲河）、南冲河以及龙塘河等。

大沙河发源于岳西县松毛尖，在桐城、潜山两市交界处的沙河铺入境，至青草塥附近的尖刀嘴分成南北两支，南支名人形河，北支称柏年河，平行东下，于白果乌鱼宕重新合流，合流后又称练潭河，经练潭老街南注入菜子湖。全长约 91 千米，桐城境内长约 75 千米，流域面积约 350 平方千米。主要支流有三湾河（三安铺以下又名军屯河）、陶冲河、牛栏铺河以及铜锣河等。

四大河之水皆由西北流向东南，汇聚了沿途百余条大小河流之水，分别融入白兔湖、嬉子湖和菜子湖，而这三湖实为连体湖，最终经枞阳闸汇江入海。

四大河不舍昼夜，千百年来，滋兰润蕙，哺育着桐城的万物生灵。它们是桐城文明的源头，桐城境内已发现的60多处新石器至商周时代的先民遗址，主要就分布在四大河流域。它们孕育了桐城厚重的人文历史，孕育了灿烂辉煌的桐城文化。它们带给桐城的是青山绿水、鸟语花香，带给桐城的是“桐梓晴岚”的山滋树润、“练潭秋月”的浓烈乡愁。它们给桐城人民提供的是优美的宜居环境，丰厚的物质财富，灿烂的精神文明。

四大河是桐城的生态之河、文化之河，是桐城人民的母亲河。

（潘忠荣　撰）

# 水光山色菜子湖

桐城西、北群山连绵，山高水远，众流入河，汇集于东南菜子、嬉子、白兔三大湖泊，古有“水迤逦而荡潏”的美称，而菜子湖水面最大，称为主湖。

菜子湖古代曾称“团亭湖”，《太平寰宇记》上说：县南六十里有团亭湖，与白石湖相连，“湖水发源，已具团亭水序。湖中出两小山，亭亭峻崄，白石皎焉，二水相连，遂为‘团亭、白石’之号。”后人据此记载说，两山就是今天的大、小烟墩。

菜子湖是桐城与枞阳共有水域，该湖的绝大部分在桐城。湖面南北长22千米，东西平均宽约8千米，常年水位10至12米高程，蓄水1.58亿至5.12亿立方米。全市地表径流量多年平均为8.5亿立方米，其中有近6亿立方米通过境内大小河流流经菜子湖汇入长江。

清道光《桐城续修县志》载："菜子湖全纳县城与西北两乡之水。三四月水涨满湖，汪洋万顷；八九月水落，与上下诸湖皆成平地，各现河身。"菜子湖四时风光秀绝：春水涨堤，碧波荡漾；秋风萧飒，惊涛拍岸。阴雨则溟蒙混沌，不见天日；晴空可极目远望，青山似在眼前，大、小烟墩卓立于湖心，可辨墩上木、石。湖上人家，日看白鸥回翔，夜观渔火点点。朝云彤日，渔舟唱晚。四时风光不同，一日景色变幻莫测。

菜子湖曾是桐城通往长江的黄金水道，在以航运为主要交通方式的古代，菜子湖曾千帆竞发，县内枞（阳）、汤（沟）、孔（城）、练（潭）四大古镇河湖互通，舟航往来，百货俱集。有民谣赞叹湖上风光："日有千人唱喏，夜有万盏明灯"。千人唱喏，即船夫摇橹；万盏明灯，即渔火点点。民谣生动地描绘了菜子湖商贾兴旺的情景，也道出船夫劳作的艰辛。

菜子湖流域是自江南迁往桐城的诸姓先民栖息之地。自元代末至明代初年，大量的江西及安徽徽州人口迁徙桐城。此一流域地广人稀，

菜子湖

土地饶沃，鱼虾繁衍，适合居住。各姓迁桐始祖来到桐城后，大多首选这一鱼米之乡，定居生息。

菜子湖还是明清桐城士人往来京省的最佳水上通道。桐城自明代起文运昌盛，出外求学的学子及宦游南北的仕人，从水路启航远行及自长江乘舟归来，都往来于菜子湖上，明代桐城人林有望曾作《兔河早发》诗："晓起开船云欲曙，赤霞残月两争辉……远山四望青如许，一路帆樯镜里飞。"兔河即今白兔湖流域，是菜子湖的连枝湖。诗写早起乘舟的见闻与感怀：朝云映旭日，残月挂晓天；桨声与涛声交响，长堤柳色与远处青山浓淡两相宜；船在水中行，水平如明镜。看，那时的菜子湖风光是多么的有诗意。

（李国春　撰）

# 撒在山水之间的蓝色"珍珠"

桐城属亚热带湿润气候区，有丰富的地表水资源。然而水在沾溉万物的同时，也往往形成水患，影响人民群众生产生活。新中国成立之初，党中央即向全国发出兴修水利的号召，勤劳勇敢的桐城人民立即掀起大兴水利的热潮，丘陵、圩畈响起一支支战天斗地的劳动号子。至 1995 年，全市共有塘堰 2.3 万口（条）得到治理。更值得歌颂的是，在既有水利设施得到充分利用的同时，经过长达十几年的奋斗，桐城山区相继兴建了一批中、小型水库，为桐城水利史续写辉煌的治水新篇章。

桐城西、北部群山连绵，万涧成溪，水源充沛，在大山深处拦水筑坝，使珍贵的水资源为全市人民生产生活所利用，这是桐城人民一项历史创举。自20世纪50年代起，桐城境内共修建中小型水库65座，主要有境主庙、牯牛背、汪洋、双龙、五岭、沿河、枧山、石南、朱山冲、王屋寺等水库。这些大大小小的水库，为城乡人民群众提供了生产和生活上的便利。这些座库容不等的水库，因势而筑，形态各异，就像撒在山水之间一颗颗珍珠，装点着秀美的桐城山水，其中境主庙与牯牛背两座中型水库犹如两枚硕大的翡翠，镶嵌在起伏延绵的龙眠山与挂车山腹地。

境主庙水库位于龙眠河上游。古时龙眠山众溪奔流，出山汇成大溪，即今龙眠河。为蓄水防洪，自1958年起，桐城举全县之力在峡口依山筑坝，大坝长460米，最大坝高38.5米，大坝以上积雨面积63平方千米，总库容2 440万立方米。大坝建成后，当年即引水灌溉，造福桐城人民。

境主庙水库得名于古境主庙。相传唐代某年桐城大旱，时任县丞张孚卿率官民于龙眠山中祈雨。天公感其诚，暴雨骤下，山洪突发，张公不幸遇难。县人遂在龙眠山入口处建境主之庙纪念这位爱民的县

境主庙水库

官，庙址即在今水库所在地。

境主庙水库未建之前，旧时山中曾有小湖泊称颂嘉湖，水库建成后，面积倍增。主库区青山环抱，水清澈如明镜。从高空俯瞰整个库区，宛如一条游龙，游弋在龙眠山岩壑之间，宋人李公麟笔下的《龙眠山庄图》二十胜景多分布于此。

牯牛背水库位于挂车河上游三道河口，1958 年开始兴建，1965 年 4 月竣工，建坝拦蓄汪河、黄铺村境内的南、北冲河与汪河之水，坝长 230 米，坝顶高程 100 米。坝址以上控制积雨面积 125 平方千米，总库容 8 180 万立方米。水库三面环山，主库区平阔如硕大的明镜，后段犹如一条墨色的玉带，萦绕于五聚、老鹰岭与道姑尖诸峰之麓。若自坝下泛舟湖波，山重水复，水碧山青，峰峦倒影，令人心旷神怡，堪为桐西胜景。

（李国春　撰）

# 浑然天成的山水佳境

桐城西、北部峰峦绵延，山重水复，其独特的地理环境，形成众多的自然与人文景观，山水名胜秀甲江淮，素称江北名区。

桐城境内山水名胜星罗棋布，大多荟萃于龙眠山及鲁谼山、挂车山诸峰之间。与天下名山大川相比，这些具体而微的景观好比纤巧的山水盆景，隐身于峰岭涧壑间，林木岩涧错迭，浑然天成，奇秀可赏。

龙眠山胜景多不胜计。山深秀而颖厚，自宋代以来，文人雅士如李公麟、赵鈛、张英、潘江等多隐居于此，这些贤士依景筑庐，读书养性，人借物抒怀，景因诗文而名传海内。龙眠山主要景点有披雪瀑、媚笔泉、石门冲、碾玉峡、百步绕云梯冲、椒子岩、河墅等，以媚笔泉、百步绕云梯冲最为秀绝。

媚笔泉为古龙眠胜境，位于今龙眠街道双溪村境内。泉藏于茂林深处，其左为崇岭，右为深壑。泉出石罅之中，经年不息；水漫石池，直泻深谷。明代大学士何如宠曾题“媚笔之泉”四字镌于泉石之上。清乾隆时，桐城名士左笔泉在此建有“媚笔山房”，桐城派集大成者姚鼐曾写下《游媚笔泉记》，“媚笔泉”自此享誉天下。

被誉为“龙眠真境”的百步绕云梯冲，汇集了众多山水小品，景区内东西两山相峙，中有长冲峡谷，崖壑之间流泉飞瀑，竹木葱茏。百步绕云梯冲摩崖石刻群，为明嘉靖进士赵釴所书。入冲口，崖壁镌“云门”二字；缘溪而行，见卧石、崖壁之上有龙眠处、听泉、清凉处、听潮音、云根等石刻，今字迹依稀可辨。峡谷尽头为宝山湾山口，峭崖壁立，有水自崖顶倾泻成瀑，飞珠溅玉，状若璎珞，崖上刻“璎

披雪瀑

珞崖”三字，水研崖壁，字迹销磨，更显古朴苍浑之风。

宋代李公麟山水画代表作《龙眠山庄图》，涵摄龙眠山中二十处景点，如建德馆、墨禅堂、华严堂、垂云沜等皆随大溪曲隐于岩壑之间。这些美景多废不存，但今人仍可循此图卷，入山探胜。

龙眠山一点一处均秀色绝特，引来无数岩穴之士遁迹山中，依山水而建别业。清代大学士张英在他的《双溪诗二十六景》中叙咏了垂云沜、芙蓉溪亭、来鹤亭、千岩万壑之楼、莲渚、鹤栈、松堤、竹圃、大溪等景观，明代左光斗及其子在山中建有别业如三都馆、抱蜀堂、越巢、怀西楼等。龙眠山中明末大学士何如宠别业泻园，清代姚文燮别业黄柏山房，以及城内郭外的姚氏数代营造的逸园、泳园、兹园、西山精舍，陈氏涤岑等，虽由人工借景造园，皆有“清风收拾满园秋”“万岭晴烟共渺茫”的诗情画意，它们与自然景观同样具有天然的雅趣，且多了一种人文情怀。

桐西五聚岭下三道岩，唐湾镇长岭村百丈崖，桐北峡石山旁的古洞岩，皆以危崖泉瀑著称江北，这些山水佳境，借造化之力，各呈风貌，为祖国山河增添秀色。

（李国春　撰）

# 多彩家园中的野生动植物

桐城地处亚热带湿润气候区，西北多山，东南为平原和湿地，中间过渡地带为丘陵，海拔高度差大，地形地貌复杂多样，为野生动植物的生存提供了适宜的环境。

桐城境内野生动物资源丰富，其中国家一级保护野生动物有东方白鹳、黑鹳、白鹤、白头鹤、白颈长尾雉、穿山甲等，二级保护动物有水獭、小灵猫、獐、果子狸、小天鹅、白额雁、白琵鹭、白腹鹞、雕鸮、大鲵、虎纹蛙等。

陆生植物有树木类、竹类、花草类等，还有大量水生植物如芦苇、水蓼、浮萍、莲藕、菖蒲、菱角、茭白、水芹、水藻等。珍稀树种有银杏、金钱松、鹅掌楸、青钱柳、银缕梅、凹叶厚朴、杜仲、香果树、榔榆等。

在这里，野生动物的活动有明显的季节特征。初夏是水稻秧苗发棵（分蘖）的时期，四声杜鹃的鸣叫是这个季节最鲜明的物候特征。在农民的耳朵里，四声杜鹃的叫声似“发棵发棵”，仿佛在催促水田里的秧苗赶紧分蘖成长，又仿佛在向人们汇报庄稼正在茁壮成长的好消息，所以桐城人给它取了一个非常有意思的名字——“发棵鸟”。当冬天来临的时候，大雁从遥远的西伯利亚飞来，翩然降落在桐城东南的湖滩之上。历史上，桐城只是候鸟迁徙途中的歇脚地，随着气候变暖，桐城已经变成候鸟越冬的栖息地之一，成为候鸟的天堂。成群的大雁或旋舞于蓝天之下，或遨游于湖水之中，或栖止于池沼之侧，吸引了无数游人前来观赏，摄影爱好者也群集于此捕捉那些动人的瞬间，留下了一张张令人惊叹的精彩照片。

桐城西北山区以林地为主，茂密的森林不仅能够调节气候、涵养水源、净化空气、保护土壤，还为我们储备了大量的木材资源。林下伴生种类繁多的灌木、花草、菌子、苔藓、地衣等，有不少是名贵的中草药，其中最为出名的是桔梗。桐城桔梗享誉盛名，为保护野生桔梗资源，现在的桐城桔梗多为药农人工种植产品，2020 年，“桐城桔梗”获批“国家地理标志证明商标”。

桐城境内还有众多的古树名木，如六尺巷景区的古皂角树，桐城中学校园内的惜抱轩古银杏树，这些古树都得到了妥善保护。

杂花生树，草长莺飞，鹰击长空，鱼翔浅底，丰富的野生动植物资源不仅具有巨大的经济价值和生态价值，还具有巨大的观赏价值，共同装点了我们的美好家园。

（舒　林　撰）

# 候鸟迁徙的“驿站”

桐城南部广阔的湖河沿岸，分布着许多大小不等的湿地。这些长满水草的湖滩，若遇春夏丰水，即淹没在万顷碧波之中；待秋冬水落，由陆地向水中延伸，水天相接，各显其自然形态。一处处湿地，好似一块块墨绿的玉玦，镶嵌在水湄岸渚之间。在众多的湿地中，嬉子湖西岸的许咀湿地，是最具水乡风光的天然滩涂，这里是渔耕者的家园，也是过境候鸟迁徙的驿站。

古时的嬉子湖湿地沿湖分布。近代以来，人们试图将湿地变成粮仓，围湖垦荒，失去了优美的生态环境。如今，大部分围垦的土地已还原成湿地，湿地以其本真的天然属性，馈赠人们以不竭的自然资源。今嬉子湖湿地已被列为“国家湿地公园”。

许咀湿地，是桐城南部水域保存最为完整的一块湿地，大部分面积仍保留原生态。那里有成片的湖草与芦荻，有丰富的鱼虾和蚌螺。自古以来，逐水而居的湖上人家，在此生息。一年四季都有鸟儿在此觅食休憩，人与自然和谐共处，构成一幅幅悠然恬静的田园牧歌图。

许咀湿地曾是天然牧场。农耕时代，当春风吹绿湖草，农妇们就在草丛中采摘野菜，渔人在水宕中捕鱼捉虾。清晨，雾霭未散，一簇簇芦苇、辣蓼、

栖息在嬉子湖的东方白鹳

菖蒲丛中，不时传出阵阵雉鸡和野凫的叫声。牧童在草地上放养耕牛，几只不知名的小鸟站立在牛背上，牛悠闲地吃着草。

许咀湿地更是鸟儿眷顾的家园。湿地中四季都有鸟儿活动，本地的飞禽有布谷、野鸡、鸡鸭、大白鹭、小白鹭、苍鹭、鱼鹰、水鸡、反嘴鹬以及许多叫不上名字的珍稀鸟类。它们随当地物候变化而土生土长，悠闲自在，湿地就是它们世代相守的快乐家园。

许咀湿地是过境候鸟迁徙的驿站。湿地最美的时光，莫过于冬季去看芳草、落雁。桐城属亚热带湿润气候区，气候温和，雨量充沛，光照充足，水生植被及虾虫繁生于沿湖湿地，最适合过境候鸟来这里旅居。湿地的过境候鸟有大雁、天鹅、东方白鹳等。寒露过后，南飞的大雁，开始成群结队落脚于此。此时，大雁就是物候的使者：东方欲晓，雁叫声声打破湖天的静谧，农夫渔父闻雁晓起、开始一天的劳作；暮色笼罩湖上，栖息在芦荻深处的雁群停止了一天的喧闹，湖上人家又归于夜晚的宁静。

许咀湿地还是文艺工作者观察生活的采风基地。雁鸣，雁阵，是中国诗歌中颇具审美价值的意象。作为鸟类生活的家园和大雁迁徙的驿站，许咀湿地给文学艺术家带来无穷的审美体验和不竭的创作灵感。秋夜，万籁俱寂，忽闻群雁嘤鸣，诗人顿时思飘天外；暮冬，湖天萧瑟，守候于长堤黄草之侧，或当晚霞满天，万雁翔集时，若举起手中的相机，一定会心潮澎湃，久久不忍离去。

（李国春　撰）

# “桐城八景”的由来

“八景”是我国古代约定俗成的风物景观。北宋沈括《梦溪笔谈》所载宋迪的“潇湘八景图”被认为是八景之名的鼻祖。其后各地相继模仿，以致形成效应。

“桐城八景”始见于明代弘治三年（1490）《桐城县志》。该志由时任知县陈勉倡导、训导许浩等纂修，收录有同名的“桐城八景”诗两组。第一组每景名下题有七绝诗一首，也就是现在比较流行的七言四句的八景诗。诗的作者是谁？该志记曰：“忘其名氏”，也就是说并不清楚，但不少人以为县志为许浩纂修，诗必然为许浩所作，实是误解。第二组每景名下题有七律诗一首，为七言八句，前面还有《总题八景》一首，这才是许浩所作。此文仅就七绝诗的“桐城八景”简介如下：

《桐梓晴岚》：“乔林碧涧景惟嘉，山气溟濛若翠华。帘卷香风久彻去，谁知清兴在诗家。”桐梓指桐梓山，晴岚指晴日山中的雾气。桐梓山位于孔城镇，东滨孔城河，高山乔木，碧涧清溪，艳阳初照，山雾缭绕，景色十分迷人。

《练潭秋月》："冰轮秋浸碧潭寒，水府人间好共看。犹似骊珠见波底，料应惊起老龙蟠。"练潭位于双港镇东南菜子湖畔，是明清时期桐城四大名镇之一。练潭河流经下街头形成河湾，河湾处有一深潭。每当秋高气爽，秋月在天，月影在潭，天上人间，两看不厌。

《投子晚钟》："上方楼阁势岧峣，频把金钟云外敲。隐隐数声天地晚，月明风细鹤归巢。"投子指投子山中的投子寺，位于城区西北部。三国时期吴将鲁肃在此抗曹兵败，将自己儿子藏匿山中以免遭害。山因事传叫投子山。唐大同禅师于此开山建寺，寺以山传叫投子寺。到了明代，佛殿崔嵬，钟敲云外。傍晚时分，风轻月明，仙鹤归巢，禅境十分清雅。

《孔城暮雪》："朔风吹雪遍天涯，冻压江梅几树花。野老豫欢丰稔兆，更添冰水煮新茶。"孔城傍河滨湖，水陆交通发达，是明清时期桐城四大名镇之一。隆冬日暮，北风劲吹，雪花满天，江梅披雪，粉妆玉琢，好一幅瑞雪兆丰年的雪景图。一说是指夕阳下河边白色沙

"桐城八景"之"桐梓晴岚"

滩的景致。

《浮山夕照》："浮山景迹写难穷，翠壁丹崖几万重。惟有夕阳留返照，乔林掩映彩霞红。"浮山古称鳌宫，小家碧玉，玲珑清秀。山上有36岩，其中壁立岩为宋代江西路转运判官张同之弃官学道处，故名张公岩。每当夕阳返照，翠壁丹崖，霞影烟环，美不胜收。

《枞江夜雨》："枞江夜雨势如倾，拂柳滋花都有情。几个渔翁趁新水，江头一夜棹歌声。"枞江指枞阳长河。夏秋之夜，微风吹拂，苇叶传响，或如细雨，或似春潮。行船至此，使人感受到"画船听雨眠"的意境。

《竹湖落雁》："大地西风振荻芦，雁衔秋色下平湖。眼前尽是潇湘景，谁为挥毫入画图。"竹湖即竹子湖，是菜子湖的边缘湖。秋天，大雁南征，从遥远的北方成群结队地飞来，或排一字阵，或列人字形，天光云影，雁语阵阵，悠然落下，姿态轻盈。

《荻埠归帆》："肃肃金风漾碧流，锦帆片片白云秋。晚来系缆知何处，只在芦花浅埠头。"荻埠位于孔城下街头。旧时湖边芦荻丛生，又是商埠码头，故而得名。这里很多人从事船运事业，往来于芜湖苏杭等地。生意归来，意味着成功、平安和吉祥。归帆如云，轻盈飘逸，别有一番心境。

1949年桐城、枞阳分治后，浮山夕照、枞江夜雨、竹湖落雁三景已归属枞阳。历经数百年，桐城八景风物虽殊，但风雅犹存，仍为桐城人所津津乐道。

（潘忠荣　撰）

# 历史足音

# 桐城从历史的深处走来

早在原始社会，桐城这块土地上即有人类生息繁衍。经考古发现的魏庄、鲁王墩、丁家冲等新石器时期遗址，就给我们展示了当时桐城先民的生活图景。夏商时期，桐城属扬州之域。周置桐国，为皋陶后裔封国，初附楚，后属吴，再属越，最终为楚所灭，废除封号。秦灭六国后实行郡县制，桐城北境为舒县地；南部为居巢县，隶九江郡，经汉而至晋后废，项羽谋士范增即为居巢人。

西汉初年为枞阳县，后复称舒县，桐地时名“桐乡”。东汉时属舒和龙舒侯国。三国时，桐城地属孙吴，分为两县，南为阴安县，北为吕亭左县，今吕亭镇即为吕亭左县县治所在地。晋代桐城仍属舒县地。南北朝宋、齐时期，初为舒县地，后为阴安县和吕亭左县，梁、陈时改为枞阳郡枞阳县。隋初仍为枞阳县，开皇十八年（598）改为同安县，隶同安郡。

唐代初袭隋制，至德二年（757）因忌安禄山叛唐，除去郡县名称中“安”字，改同安郡为盛唐郡（后复为同安郡）、同安县为桐城县，此为“桐城”得名之始，至今已逾 1 260 年。北宋时期，桐城县初属同安郡，后属德庆军。南宋时初属安庆军，后属安庆府。元代属安庆路。明初属宁江府，洪武十六年（1373）属安庆府，直属南京。清初属（江南省）安庆府。康熙六年（1667）属安徽省安庆府。民国时期曾两度直隶安徽省，间属安庆道和第一行政督察区。

行政区划北宋以前无考，北宋政和元年（1111）设有北峡、铜山、石井、孔城、挂车、双港等镇，其余不详。南宋嘉定元年（1208）设有东、南、西、北四乡和北峡、永安、鸾山、铜山、挂车、石溪、双港、孔城、练潭等镇。元代仍袭前制。明代将东南西北四乡依次易名为清净乡、大宥乡、日就乡、桐积乡，并设枞阳、汤家沟、孔城、北峡关、练潭五镇。清乾隆年间，将城区另设为县市乡（即城乡），余则未变。民国初年将县市乡改为城厢镇，后以区代乡，推行保甲制。

1949 年 2 月桐城解放，将旧制 5 乡中的东、南乡大部分地区析出另置桐庐县（即今枞阳县）。新中国成立后，桐城先后隶属安庆行政区、安庆地区。1979 年 12 月杨桥区大部分地区划属安庆市郊区。1988 年隶属新组建的地级安庆市。1996 年 8 月桐城撤县设市（县级），由省委托安庆市代管。2005 年罗岭镇划属安庆市宜秀区。至 2024 年，桐城市下辖 12 个镇、3 个街道，另设 1 个国家级经济开发区，全市总面积约 1 572 平方千米。户籍总人口 2022 年为 740 412 人。

桐城已从历史的深处走来，正向辉煌的未来走去。

（潘忠荣　撰）

# 石器时期的文明画卷

桐城山川秀美，人文荟萃。山川古来有之，而人文繁衍则经历了一个漫长的历史发展过程。桐城是远古人类重要活动区域之一，自 20 世纪 80 年代至今，桐城境内已发现 19 处新石器时期遗址，如鲁王墩遗址、丁家冲遗址、朱家墩遗址、张山岗石刀窖藏遗址及魏庄遗址，其中鲁王墩、丁家冲、朱家墩遗址被列为市文物保护单位。

自20世纪80年代始，桐城境内陆续发掘出一大批新石器时期生产、生活工具。1980年在桐城县杨桥区花山出土新石器晚期人类的砍凿工具单孔磨光石斧一件，为青灰色砾石，其形制“通体光润，石质坚硬，造型美观，保存完整”。1985年春，县文物部门在文物普查时，于红庙乡红庙村丁家冲古文化遗址发现新石器晚期单孔石矛一件，该矛通体磨光，制作精细。1986年，桐城县石河乡石河村河园队发现新石器时期石锛一件，“刃为边锋，犹锋利”，此件呈乳白色，乃树木化石磨制而成。

魏庄遗址出土文物

进入21世纪，桐城境内考古又有重大发现，据文物部门介绍：2019年3至6月，为配合国家重点水利工程——“引江济淮工程”建设，安徽省文物考古研究所、中国人民大学考古文博系、桐城市博物馆等单位组成联合考古队，对位于桐城市北孔城镇晴岚村魏庄自然村“魏庄遗址”进行了抢救性发掘，发现新石器时期、商周和唐代共47

处遗迹，其中新石器时期8座墓葬出土的随葬器物，与皖西南地区及长江中下游地区同时期文化既有相似又有不同，填补了皖西南和皖中之间新石器时期考古的空白。考古学家初步认定该遗址文化面貌属薛家岗文化晚期的地方类型，距今5 000年左右。考古界称：魏庄遗址是安徽省重要的新石器时期遗址之一，为“2018—2019年安徽十大考古新发现”之一。

桐城境内多处新石器时期遗址发现，证明了早在五千至一万年前，桐城先民们就学会了磨制石器制造工艺，已由旧石器时期半定居的迁徙生活过渡到定居生活。而遗址中大量的石器出土，则反映了远古“传说时代”生活在桐城境内的古人类在生产劳动中学会适应恶劣的自然环境，展示了他们的生存智慧。

20世纪江淮地区大量考古发现表明：新石器时期，江淮及沿江、皖西南地区的先民就掌握了磨制生产工具、水稻栽培技术，展现了原始农业发展水平；彩陶、玉器工艺及墓葬的形成，反映了原始先民已有了较高的艺术成就，这是古皖文化的萌芽期。而新石器时期的桐城史前文化是江淮远古文明的重要组成部分。近年来魏庄遗址考古发掘，大量新石器时期桐城先民生产生活器具及墓葬形制规模的出土，让我们进一步看到桐城先民在远古时代所创造的古老文明。

（李国春　撰）

# 消失在历史烟云中的古巢城

了解桐城历史的人都知道，早在西周时代，我们生活的这片土地

鄂君启金节

上就建立了“桐”国。但很少有人知道，在“桐”建立前后，自夏、商时期，桐地还有一处叫“巢”的地方，夏为“巢”，商叫“南巢氏”。巢作为地域名称，远早于西周时期的封国“桐”。

有关“巢”的记载，宋代乐史编撰的《太平寰宇记》一书较为明晰：“古巢城，俗号为古重城，在县（桐城）南六十五里。”并引《史记》注解：“‘成汤放桀于南巢’即此城。城三重，故号重城。南北川泽，左右陂湖。”今人据此推断：古巢城距离桐城县城以南六十五里，所谓左右陂湖，与今双港镇一带地形相似，城的遗址可能就是今天城中学所在地。

在历史的演进中，“巢”地曾发生过一些重要的事件，有些还充满传奇色彩。

第一个历史事件是“成汤放桀”。夏亡商兴之际，夏朝末代帝王桀被商族部落首领汤流放到南巢。有关“成汤放桀”的传说见诸多部古代典籍，如《尚书》上说：“成汤放桀于南巢。”另一部著作《淮南子》也说：“汤败桀于历山，与末（妹）喜同舟浮江，奔南巢之山而死。”暴君桀战败，被汤流放到边远的南巢，据传即古代桐城南部双港一带水域。

与“巢”有关的另一个事件，是1957年在安徽省寿县城东丘家花园，出土了四件战国楚怀王六年（323）制作的青铜“鄂君启金节”，铭文中有“居巢”的地名，历史地理学家谭其骧先生断定：铭文中的居巢，就是存续至秦汉时期的居巢县，在今桐城县南六十里处。根据这一考证，桐城早在春秋战国时期就有与外埠通商的活动。

第三个历史事件就是设置“居巢县”。秦始设居巢县，沿袭古巢的名称，隶属九江郡；汉仍秦制，居巢县隶属庐江郡，等级与枞阳、龙舒、舒县相等，南朝陈时的顾野王《舆地志》上记载庐江郡，“统十县”，其中就有居巢县，这是桐城设县较早的文献记载。

秦汉以前，江淮地区有多处古“巢”，其中一个就是桐城县南的居巢城，是群舒中的附庸小国。秦、汉以后，只有今桐城县南一处被建为居巢县。有史料说，三国时魏、吴战争，居巢县荒废。

自夏朝时的巢，到汉代的居巢，名称有变，政权等级亦有差异。“巢”的建立与消亡，经历了漫长的时间。几千年扑朔迷离的民间传说与历史文献记载互为印证，为“巢”这一古老地域抹上一层浪漫主义色彩。巢，已消失了几千年，拨开历史的烟云，桐域的文化史似乎可推进到遥远的夏代或更早时期。

（李国春　撰）

# 桐城地名的源头古桐国

西周时期（前1046—前771），在今舒城、庐江、桐城一带，分布着舒蓼、舒鸠、龙舒、舒庸、宗等小国，其中“桐”国居其一。有关桐国的记载稀少。但散见于典籍上的一些史料，至少使我们对桐国的存灭有大致的了解。

一是桐国姓氏。《春秋传说汇纂》书中列春秋一百二十四国爵姓，其中爵、姓俱亡的小国有三十二，桐也在列，仅说“桐，或姓偃”。今人陈槃在《春秋大事表列国爵姓及存灭表撰异》一书引用《世本》

迄今发现"桐"字最早出现的实物记录——青铜器翏生盨

翏生盨上的铭文

记载，确认桐国偃姓，为殷王支庶之后，一说偃为皋陶之后。

二是桐国的范围。综合诸家所说，"桐"在今桐城以北，古桐乡境内。《左传·定公二年》经文下杜预解："庐江（郡）舒县有桐乡"，《续汉书·郡国志》书中"庐江郡舒县"注解"有桐乡"，又补注说"古桐国"。陈槃引《春秋传说汇纂》说："今江南安庆府桐城县北有古桐城，即古桐国也。"舒城县南与桐城县接，相去六七十里，大概都是桐国之地，至于都城，不必定在桐乡或桐城。据文献分析，清代戴钧衡、文聚奎编纂的《古桐乡诗选》推断：当时的北乡（桐积乡）区域就是桐国的一部分。著名语言文字学家杨伯峻在《春秋左传词典》中也说："桐，古国名。今安徽桐城县北。"著名历史地理学家谭其骧主编的《中国历史地图集》，在《春秋·楚吴越地图》中标明"桐"在现在的桐城市北部。

三是桐国所发生的历史事件。宋代乐史撰纂的《太平寰宇记》记载："桐实小国，楚人附庸。"桐处吴、楚之间，初为楚国的附庸，后来背叛了楚国。《左传·定公二年》记载，桐国背叛了楚国。吴王派舒鸠氏去诱骗楚国人，他对舒鸠氏说，你们让楚军逼近我国，我们假装害怕的样子，去攻打背叛他们的桐国，这样就会消除楚国人对我们的疑忌。汉代孔颖达在《左传》这段文字后面注解说：“桐是个小国，历来属楚国，居吴楚之间。”吴楚两国尔虞我诈，桐国弱小，备受欺凌。

桐国名称中为何冠以“桐”字呢？桐名来源无考，坊间传说，古时桐城盛产“油桐”树，所以称桐国。古代桐城是否盛产油桐树，无确切的文字记载，仅凭民间传说。或许传说有自，传说也是历史，是先民们延绵不竭的记忆。可以为这段传说佐证的是，20世纪70年代以前，人们还常见桐城全境暮春有桐花烂漫，深秋有桐子累累。直至今日，桐北及桐西群山峻岭密林中，还间生油桐树，春花秋实，与万类野木平分秋色。

桐国始封及消亡年代均阙考。鲁定公二年（前509）桐国尚存，即“桐叛楚”事件。桐国虽消亡，但“桐”作为地域文化符号，对后世仍产生影响。汉代，昔日桐国这片区域属庐江郡舒县辖治，称“桐乡”，仍沿用“桐”的名字；唐至德二年（757）定名桐城，沿用至今。

（李国春　撰）

# 北峡远去的鼓角铮鸣

桐城地处江淮之间，历来就有“七省通衢”之称，最北端峡石关，是中原与华中的交通咽喉，当军事控扼要口，“北拒庐、凤，南指江、黄”，为著名古战场。峡石雄关屹立数千载，曾见证一次次兵革烽烟，朝代兴替。

北峡兵戈始起于何年，史料不详，而三国时期的兵事，则有明确的文字记载。建安十九年（214），东吴攻打皖城，曹魏大将张辽南下救援，听说城池已破，于是在桐城小关筑垒防守，史称“南峡戍”，这是峡石关戍的由来。

峡石关在桐城最北端，为何称“南峡”呢？《太平寰宇记》解释说：“是古南庐州，因名南峡。”后来地理著作皆称“北峡关”，则因山而得名，清代顾祖禹在《读史方舆纪要》中说，桐城有北峡山，在县北六十里，有两崖相夹如关。又说，北峡关，在县北四十里，以北峡山而名。康熙《桐城县志》说：“北峡关，孙权控扼之地。”今人因袭清代称呼，习惯叫北峡关。

著名的北峡关之战发生在吴黄武六年（228），魏将曹休攻皖城，吴将陆逊、朱桓率部拒敌。朱桓说，曹休非智勇名将，战必败，败必走，走必经峡石、挂车，此两道皆险隘，若以万兵塞路，则曹休可擒。后曹休果然战败，吴兵追至峡石，斩获无数。此时正好有魏将贾逵增援曹休，吴兵退走，贾逵据守峡石补充曹休兵粮，士气复振。

史料记载，明末至近代，桐城屡次沦为战场，北峡关皆为军事要塞。明末，农民军与官兵在桐城相持数年，史可法曾率部扼守北峡关。

北峡雄关

太平天国兵起，北峡关鼓角再闻。咸丰元年（1851）二月，北乡团练十六保于北峡关设防；战火连天，兵、匪趁乱掠民，代理桐城知县陈建章率众在小关筑堵墙，防御境外兵匪。

抗日战争时期，北峡关为合安公路关卡，日寇运输军需物资必经此关，中国共产党领导下的新四军第四支队多次在北峡关一带阻击日军，取得重大胜利，著名的新四军首俘日军之战就发生在北峡关一带。

北峡关曾一度成为桐城北乡政治军事中心。宋代桐城有九镇，北峡居其一。明代以前，朝廷曾在北峡关设驿站，明初驿站移置吕亭。明代设北峡巡检司，为桐城三大巡检司之一。清代桐城全境有水陆营汛 15 处，北峡关汛为其一。

北峡关是舒、庐二州的分界，为京省孔道。明清时桐城文人曾写下许多诗文，赞叹雄关险峻。明代诗人齐登闳《晓出峡山口》诗写道："斜月催行骑，荒村乱曙鸡。白烟一峡起，苍雾万峰迷。"晓起看关前山景，恍惚迷离，风光如画。明代另一位诗人方元芳有《过小关》诗："故乡容易过，出境便增愁。"写游子离愁别绪，出峡便是异乡。清代著名古文家朱书在《北峡关赋》中叹道："北峡关，江淮之天险也。"

（李国春　撰）

# 大唐文化光焰下的桐城县

唐代是中国文化繁盛时期。对桐城而言，多方面的时代因素，对桐城地域文化的形成与发展产生了巨大的影响。

唐代桐城发生的最重要的一件事是始定"桐城"县名。至德二年

（757）正月，安史之乱平息，为消除安禄山的影响，朝廷将同安县名中的“安”字除去，更名“桐城”。唐《元和郡县图志》上说：“桐本春秋时楚附庸小国也……至德二载改为桐城，取桐乡为名也。”桐城县设置，千余年不变，确立了桐城长期以来在江淮之间的政治文化经济地位，遂有“两江剧邑”之称，这或许是桐城地域文化发展的重要成因之一。

第二件事是禅宗传入桐城境内。禅宗一派自二祖至五祖先后在舒州与黄州的名山弘法。桐城处舒、黄之间，影响最为直接，桐城派集大成者姚鼐说，自梁、陈以来，黄、舒之间有才学的佛教徒肩背相交。禅宗很快就传到桐城。唐咸通年间（861—874），临济宗大同禅师于投子山建胜因寺，为投子山禅宗道场的开山之祖。禅宗文化的传入，与此后桐城哲学、文学、艺术的发展，均有着密切的关系。

第三是桐城文学光芒初露。唐以前史籍，很少看到有关桐城人为学的记载，到了晚唐，诗人曹松（828—903）吟咏至老不辍，跻身唐代诗林，《全唐诗》收录其诗 140 余首，他的《己亥岁二首》中“泽国江山入战图”“一将功成万骨枯”成为千古警句。桐城派作家方宗诚对曹松有很高的评价，称“桐城文学之兴，自唐曹梦征”。

第四是唐代官员高尚的德行对后世影响巨大。桐城历修方志对唐代官员宦绩记载阙遗颇多，县丞张孚卿祈雨殒身的故事家喻户晓。值得关注的是，近年来先后出土了两方墓志，使我们得以从精美的文物中更深入地了解唐代桐城官员及其眷属的风概。

第一方是收藏在美国大都会博物馆的《唐故舒州同安县令徐府君墓志并序》，此墓志刻于唐垂拱四年（688），墓主是唐代桐城县令徐德闰。徐令祖籍山东高平，出身官宦世家，历任多地县丞，因廉洁勤政调任舒州同安县令。垂拱四年，徐令逝于同安官署。墓志评价他德行崇高，有通才远量，断狱“朗如悬镜”，为人“皎若明玑”，尤其在桐城力推教育，“弦歌易俗”，是位深受桐城百姓爱戴的官员。

第二方是收藏在桐城市博物馆的《唐冯翊主簿摄桐城县令郑公亡夫人高阳齐氏权瘗志铭并序》，此墓志刻于唐广德二年（764）。齐夫人生于河北高阳名门世家，自幼受到良好的家庭教育。嫁与郑寔后，恪守内则，夫妇琴瑟和鸣。齐夫人逝世时年仅四十，葬于桐西青山之麓。夫人温柔贤淑，相夫教子，不越礼数，对后来官员眷属不无影响。

桐城地域文化的发展经历了一个较长的渐进过程，唐代以前文献阙失，其名不彰；唐以后，人文蔚起，及至明清两代走向繁盛。考稽桐城文化发展脉络，盛唐一代对桐城地域文化的发展影响至深。

（李国春　撰）

# 龙眠雅集　流风千古

“诸山何处是龙眠，旧日龙眠今不眠。闻道已随云物去，不应只雨一方田”。这首脍炙人口的七绝，相传为北宋文人黄庭坚写给好友桐城李公麟的，是最早写龙眠山的佳咏。数百年以来，与名诗一起传诵的，还有一段文坛佳话。

相传北宋年间，驰誉中国文坛的黄庭坚、苏轼、苏辙等人，联袂来到画家李公麟的归隐之地——桐城龙眠山庄，举行了一次诗文笔会，后人称为“龙眠雅集”，黄庭坚的佳篇就是写于此时。原来这次雅集缘于李公麟所绘传世之作《龙眠山庄图》。

李公麟（1049—1106），被后世誉为“宋画第一。”《龙眠山庄图》为画家居京师期间所作，画成，苏轼惊叹说“其神与万物交，其智与百工通”。苏轼的弟弟苏辙欣然题《龙眠山二十咏为李伯时赋》，依画中自“建德馆”至“鹊源”龙眠二十景，作七绝二十首，全诗明为写景，却暗含禅意，诗与画同为不朽之作。

李公麟与北宋“元祐”文人多有交往，其中苏轼、苏辙与李公麟、黄庭坚关系非常密切。黄庭坚是李公麟艺术上的知音，他们相识于京都开封，与著名文学家苏氏兄弟同为北宋“元祐文人集团”的中心人物。他们政治立场相同，艺文造诣俱深，同气相求，结下了深厚的友谊。后来，因元祐党争，苏氏兄弟与黄庭坚政治失意，自京都流放外地，而此时李公麟也打算归隐故乡，昔日挚友星散四方，不得相见已很久了。

传说名士们相聚于龙眠林岩下，大概源于苏氏兄弟为李公麟画卷题写诗文，而史载宋徽宗建中靖国元年（1101），黄庭坚曾授舒州知州。舒州府治距李公麟故里桐城龙眠山不到百余里，而此时李公麟已致仕回乡，于是好客的桐城人便演绎了一场旷古的诗酒高会：诗友们会聚于龙眠山庄，徜徉于山道，诗酒流连，往还唱和，与天地精神往来，尽显遗世独立的名士风概。

李公麟致仕归居龙眠的第二年，苏轼已谢世，黄庭坚授舒州后，未履职旋改它任。从他们各自的人生经历上看，“龙眠雅集”或无其事，而黄庭坚诗集也未见龙眠山诗。但从苏氏兄弟、黄庭坚多次为李公麟题画的艺术交往来看，他们一定神游过龙眠山。既然古老的故事已深入桐城百姓的心底，不妨设定，千年前的龙眠山中曾举行过一次曲水流觞，高士雅怀，诗文画卷，龙眠山深秀的韵致，涵摄了博大的中国艺术精神。传说超越历史时空，早已定格在龙眠山水之间。

北宋时，龙眠山是樵人的家园，年年岁岁，空谷流云，少见士人的踪迹。自从有了那一年的名贤雅集，龙眠山那条亘古隐伏的眠“龙”苏醒了。龙腾致雨，甘霖不应只沾溉一方田畴，而要润泽四海，这是一代名贤黄庭坚及其挚友们所寄托的高怀远抱。

（李国春　撰）

# 桐城古城巡礼

桐城建城史，最早可以追溯到古巢城。《太平寰宇记·桐城县》载："古巢城，俗号为古重城，在县南六十五里。"巢、古巢、居巢，皆为桐城古称，秦汉时设有居巢县，古巢城当在今天的双港一带。三国时，桐北地区设置有吕亭左县，建有吕亭左县城，址在今吕亭镇。隋大业九年（613），桐城时名同安县，筑有同安城，址在东门外。唐开元二十二年（734）县城迁至龙眠河西岸（即今址），筑有土城。至德二年（757），同安县改名桐城县，县城遂名桐城。

土城指的是土城墙，年深日久，土城倾圮。明万历四年（1576），知县陈于阶和乡贤南京户部侍郎盛汝谦、河南布政使吴一介集资倡建砖城。起窑烧砖一年，营砌费时三月，耗银21 200两，建成了一座周长6里、高3.6丈、雉堞1 673垛砖砌城墙。设城门六座：东称东作门，南称南薰门，西称西成门，北称北拱门，东南称向阳门，西北称宜民门，皆有门楼。南京兵部尚书翁大立撰记勒石。其雄伟坚固，博得"过了安庆不说塔，过了桐城不说城"的赞誉。明崇祯八年（1635），对城墙再次进行修葺加固，增设炮台八座，抵御了张献忠起义军的多次攻城，故又有了"铁打的桐城"之说。清道光二十六年（1846），重加修葺，耗银15 000余两。抗日战争爆发后又增修了一些防御设施。

1939年，为避日机空袭，便利居民疏散，县长罗成均奉命下令撤除城墙，现今的环城路即为当年城墙的墙基遗址。从此，这座屹立了360余年的雄伟城墙便永远定格在了桐城人民的梦境里。唯有那21世纪初复建的东作门，聊以抚慰桐城人民心灵深处的乡愁！

明清古城墙消失了，令人欣慰的是明清古城尚在，轮廓犹存，肌理未变。桐城古城呈椭圆形，形似金龟，意为“永寿”。六座城门恰如龟之首尾四足，街道布局宛如龟甲裂纹，桐溪、洙泗二渠犹如龟肠曲折其间。古城整体格局重环境求实用，首先原城墙内侧建有城墙街；再以横向和纵向大街组成“丁”字形主干道，并牵附诸多小街里巷，故有“七拐八角九弄十三巷”之称；城外还有东门小街（今名东大街）和南门外大街。所有街道均呈弧形而非一览无余，具有中国古街道的显著特色。

经过岁月沧桑，桐城明清古城保存较为完好的历史文化街区尚有六大片。其中尤以北大街、南大街、东大街和修复后的六尺巷片区最为典型。凤鸣铎响的文庙、清雅别致的名人故居镶嵌其中，屋瓦接堞，古色古香，尽显桐城这座国家历史文化名城的魅力。

（潘忠荣　撰）

# 日久他乡即故乡

“日久他乡即故乡”的意思是，在他乡待的时间长了，这个他乡也就成了自己的故乡。这句诗起源于战国时春申君黄歇的《送子行》，后经黄氏族人不断唱和修改，便成了梅州黄氏家谱中的祖训。

其实，对于元末明初大量移民桐城的人们何尝不是如此！

元朝末年，兵连祸结，民不聊生，一方面桐城人口因此锐减，另一方面也为其他地区逃难来桐的人们留下存身空间。元至正十六年

（1356），随着朱元璋攻克集庆（即南京），江南地区便成为朱元璋、陈友谅、张士诚等割据势力的重要战场，当地百姓为逃避战祸纷纷北迁，桐城自然也就成了他们的落脚地之一。这属于一种自发性的移民。

还有一种是官方移民。朱元璋建都南京后，为了恢复农业，发展经济，自洪武三年（1370）至永乐十五年（1417）在全国范围内实行均衡人口的大移民政策，史称明初大移民。这次移民牵涉的范围很广，主要有两个方向：一是由山西向河北、河南、山东地区移民，亦称洪洞大槐树移民；二是由江南向湖北、江淮地区移民，凡经官方移民桐城的，就属于这一类。

桐城官方移民主要来自江西鄱阳湖地区。原因一是桐城本来就有均衡补充人口的需求；二是朱元璋建造凤阳中都城，有意借机遣散原陈友谅等割据区的人口，后来中都城停建，北迁在途的人口随地安置，桐城也就成了他们中部分人的安身之所。

自发移民和官方移民两股合流，极大地改变了桐城人口规模和人口结构。洪武十六年桐城总人口为 58 560 人，如果不是此前的许多移民，桐城的人口会更少，桐城的社会经济凋敝状况更是可想而知。旧时县内张、姚、马、左、方、吴、叶等大姓望族，他们的祖先大多都是这一时期的移民，其中不少就是来自江西鄱阳瓦屑坝。不过瓦屑坝并不是他们共同的祖籍地，只是移民北迁的集散地。

移民们背井离乡，思乡心切，开始还时时想着回归故土。因此亲人去世后，并不急于安葬，而是暂时厝柩，希望三年五载后还能带着亲人遗骸落叶归根。所以在殡葬改革之前，桐城普遍保留着亲人去世后仍要厝柩三年五载的风俗。

时间一长，他们也就应了本文开头的那句诗“日久他乡即故乡”。移民们祖祖辈辈辛勤劳作，勤俭持家。家境稍裕，便延师教子，朴耕秀读，渐成世家大族，引领了一方的价值取向，形成了“穷不丢书，富不丢猪”的共同家训，创造了辉煌灿烂的桐城文化。可以说，移民们对于桐城有山河再造之功！

（潘忠荣　撰）

# 古道西风催驿马

明清时期，桐城县境广袤，北接舒城，东邻无为，南濒大江，西抵潜怀，为七省通衢。在南北交通要道上，曾设有驿站与急递铺，担任邮传的使命。今吕亭、陶冲、双港、石井铺等镇村，就是古代驿站、急递铺所在地。

驿站是古代接待传递公文的差役和来访官员途中休息、换马的处所，据说至今已有 3 000 多年历史。唐代诗人杜牧《过华清宫》有“一骑红尘妃子笑，无人知是荔枝来”的叹咏，诗中所写“一骑红尘”就是古代驿马扬尘。元代意大利旅行家马可·波罗曾在其游记中写道：“如果从汗八里起程，走某一条路去某地，使臣前行二十五里就能看见一个驿站。每个驿站都有一个高大、美观的宅院，使臣就居住在这里。”这是 700 多年前外国人看到的遍布中国大地上驿站的情景。

明清时桐城境内有驿站两所。一是陶冲驿，在县治西南 45 里。明代以前设沙口陂驿，洪武十五年（1382）改设陶冲驿。驿站有堂、后堂、馆、舍、楼。二是吕亭驿，在县治北 15 里。此驿初为北峡驿，洪武十五年停旧驿改置新驿。

急递铺是始于我国宋朝时的邮驿传递方式。宋时传递文书主要有三种形式：一是步递，二是马递，另一种就是急脚递，称为急递铺，每铺间隔十华里。铺兵腰系皮带，挂铃，持枪，挟雨衣，带文书行走。夜间持火把。遇道路狭窄，车、马、挑担的人乃至野兽闻铃声都会避让。下一站铺兵听到铃响，提前出铺等候，交接文书，辗转传递。

明代桐城置急递铺十八处，以县城为中心，向西南、正北、正西三方辐射，联结周边邻县。

西南方向，自县治东“县前总铺”发出，沿今桐潜路向西30里南折，抵达怀宁县境。始为县治前总铺，以下依次为崞口铺、石井铺、新庄铺、老林铺、棠梨铺、野狐墩铺、双港铺、横山铺、最远为山西铺，在县西南90里。

正北方向，自县治北沿今合安路方向，北抵舒城县境，依次为陆山铺、卓山铺、下梨桥铺、泉水市铺，最远为北峡关铺，在县北50里。

正西方向，自县治前总铺经崞口、石井两铺西折，沿今桐潜路抵达潜山县境，依次为撩风铺、牛栏岗铺，最远三安铺，在县西50里。

驿站和急递铺在古代礼宾、邮传、物流中发挥了重要作用。可以想见，几千年中，每当王命急宣，或兵事吃紧，马蹄声以及驿卒、铺兵们迅疾如飞的脚步声和着急促的腰铃声常年不绝于道。西风古道，马踏飞燕，其间不知发生了多少悲壮故事。

（李国春　撰）

# 铁马金戈战古城

明崇祯七年（1634），高迎祥、张献忠率领的农民军已占领河南省全境，至年底晋陕鲁皖告警。安庆地处皖西南，所辖桐城、潜山、太湖及邻县英山、霍山诸县为农民军进退鄂、豫的战略要地，而桐城是江淮名邑，处京府要道，多巨室大户，自然成为农民军攻略的主要目标。

崇祯八年正月底，农民军头目马守应等人率兵第一次攻打桐城，城未破。八月，马守应等拥军万余自河南直逼凤阳，颍（州）、亳（州）两地告急。为防止农民军进入皖西南，史可法亲率官兵三千，由舒城至庐江堵截，在桐城北峡关备兵迎战，马守应不敢入桐，复由英山、霍山过黄梅、麻城西去。

崇祯十年五月，农民军由六安至安庆境内，迅即移驻桐城四乡。八月，农民军自麻城入潜山进入桐城境内，史可法请黄得功增援。黄率部驻桐城东门，农民军放弃攻城，城围遂解。

崇祯十一年三月，农民军攻破桐城城外关厢，未破城。四月初旬，由潜山入桐境陶冲三湾。史可法檄请凤阳镇抚牟文绶率淮兵万余，与农民军激战于西郊七面河。同年八、九月，农民军两次围桐，均未攻进城内。

崇祯十五年春节过后，农民军首领张献忠亲率部众自无为由小路至桐城，屯兵北峡关，深夜遣兵攻城未遂。秋季，张献忠又由无为入桐。九月，在城外老营开宴庆寿，宴毕进发，环城驻扎，喊声震地，炮响连天。自称兵威所至，豫楚名城，无有不破，何有于斗大孤城（桐城）？号令克期攻破。此刻桐城守城明军甚少，农民军势大，城破只在旦夕。九月底，黄得功到桐，城围又解。

同年冬，一日黎明，张献忠大队至桐城，绕城四围排扎，张亲往山顶探望，抢驻明军原扎营盘。而后，遣难民砍树挑土修筑高墩：从山脚筑起高墩，渐次近城，想筑成大路，连城而上，不半日，即筑堤数丈，约三日可与城平等。农民军又于山侧临沟高岸与城相近处挖暗洞，以期通向城墙脚，穿城安炮，一轰而破。明军知计，乃于所挖城脚处又筑一小城，等到农民军挖穿城脚，以炮火轰击。后明军又募勇士敢死队下城侦察，探知城未挖通。

此时，明军驻钱尚书院，张部扎营祈雨顶，两军对峙，战斗一触即发。明军守将罗九武率部在尚书院山顶安置大炮名“无敌将军”一座，炮发正中张献忠副将李混江。张献忠移兵西门山毛狗洞，也向城里放炮。

农民军攻城日急，明军请援兵马迟迟不至。黄得功得知桐城告急，遂于十一月廿一日自凤阳起程，昼夜兼驰，共行六百余里，三日到桐。明军与张献忠部初战于北峡关。黄得功兵马势不可挡，张率众退至桐西沙河，又是一番激战。张献忠西走潜山，桐城城池再次保全。

（李国春　撰）

# 太平天国桐城战事

桐城自古就是兵家必争的战略要地。清咸丰年间（1851—1861），太平军与清军在此反复拉锯，几度血战，桐城战事也成为决定整个战局走向的关键。

清咸丰三年太平天国定都南京（改为天京），攻克安庆后，派军控制桐城东乡枞阳镇等要地。十月十四日，太平军抵达练潭，经天林庄攻取县城，并在唐家湾抄掉桐城练首的营寨；二十八日攻破北峡关，击毙清刑部主事朱锡麟。咸丰四年十一月二日，清军即墨营夺回北峡关；五日，再夺吕亭驿，进逼县城；十七日与自安庆来援的太平军激战于县城南门外青莲庵，清军失利，死200余人。咸丰六年八月，太平军陈玉成部10 000余人在胡家铺、栏杆山一带，将清陕甘提督

秦定三的桐仁营和舒城、六安等地练勇共8 500余人，围困18昼夜，清寿春总兵郑魁士紧急驰援，太平军被迫撤围，后退至城北乌石岗。十一月，郑魁士部围攻乌石岗，战斗持续一个多月，双方伤亡惨重。

在此前后，太平天国发生“天京事变”，形势急转直下，皖北腹地除安庆外只剩下桐城一地。桐城若失，安庆将失去侧翼屏障。情况危急，活动于桐城等地的太平军将领陈玉成、李秀成等会集枞阳镇，召开两次军事会议，商量应对之策。第一次枞阳会议召开于咸丰七年正月，会议决定由李秀成继续坚守桐城，陈玉成率部自枞阳东下迂回夹击清军。其后，陈玉成部攻无为，克巢县，下庐江，直插桐城小关，截断清军粮道，并于乌石岗击败秦定三、郑魁士部，取得桐城大捷，进而率军北上，联合捻军，收复失地，稳定皖北局势。第二次枞阳会议召开于咸丰八年八月，出席会议的太平军将领有100余名。会议商定解除安庆、天京之围的方略，制订分兵作战的计划，号召全体将士加强团结，统一指挥，协同作战。会后，陈、李二人分军进击，于九月二十六日攻克浦江，清军伤亡10 000余人；继而挥师西进，取得“三河大捷”，歼灭湘军6 000余人，斩杀湘军将领李续宾、曾国华，迫使清军从安庆撤围，一举扭转了天京事变后的被动局面。

咸丰九年十一月，湘军统帅曾国藩部署分兵四路进攻安庆，其中第二路由多隆阿、鲍超从太湖、潜山攻取桐城，英王陈玉成率军迎战。咸丰十年十月，陈玉成联合捻军龚得树等兵发桐城西南挂车河一线，扎营40余座，与湘军李续宜、多隆阿展开激战，太平军伤亡10 000多人，陈玉成败退庐江另谋对策。咸丰十一年四月，太平军洪仁玕、林绍璋率部在挂车河梣桤尖至棋盘岭一线筑营布防，准备前往安庆救援，再次遭到多隆阿部拦击，战斗失利。八月，安庆失陷后，陈玉成退兵桐城。九月七日，清军穆图善部3 000余人会合地方团练，由西山居高临下攻打桐城县城。守城太平军自东门突围，桐城遂被清军占领。

同治二年（1863）三月，太平军一部自庐江入境，经北峡关进入霍山，从此永离桐城。

（方宁胜　撰）

# 红色基因永传承

桐城的山川大地上，散布着众多革命遗迹，它们见证了桐城人民在近代以来中国社会革命的浪潮中前赴后继的英勇事迹，是桐城大地上的星星之火，汇入了中华民族反帝反封建、追求独立解放的宏伟进程中。

辛亥革命前后，桐城的民主革命活动空前活跃，受省城安庆的革命风潮及陈独秀等进步人物宣传新思想、新文化的影响，以青年学生为主体，曾掀起“六二学潮”、反议会贿选、驱逐县长王树功，以及声援五四运动、五卅运动等的一场又一场民主运动，播下了一颗颗民主思想的种子。

1926 年 8 月，中共桐城孔城支部成立，这是安徽省境内较早成立的党组织之一。第一次大革命失败后，中共中央召开八七会议，确立土地革命和武装斗争的总方针，章逐明遵照省临委指示回到桐城，秘密发展党员，重建党组织。1928 年 1 月，由章逐明主持，在桐东后方乡章家大屋正式成立中共桐城支部，在党的领导下，开展抗租、抗捐、罢工运动，收缴反动民团的武器，进行武装斗争。1930 年 6 月，发起鲁徂山暴动、欧家岭起义，在大关镇麻山村欧家岭成立桐舒庐边区苏维埃政府和工农红军皖中独立团。起义中，起义军 1 500 余人与双倍于己的桐庐舒三县团防激战三昼夜，终因寡不敌众，撤至龙眠山

桐城烈士陵园

燕窝地，化整为零，开展游击斗争。县委书记吴克正在鲁𬞟山暴动中壮烈牺牲。这些斗争唤醒了人民群众的斗志，锻炼了革命的骨干力量，为重建红二十八军，在皖西开展游击战奠定了基础。

1938 年，抗日的烽火燃遍中华大地。方珂德从八路军驻南京办事处回到故乡桐城，传达党的指示，建立中共桐城县委。他们推动民族统一战线的建立，组织各级动委会和抗日工作团，动员全民抗战，配合新四军四支队在安合路沿线开展一系列伏击战。他们所掌握的抗日学兵队，在遭国民党政府解散后，80% 的队员投奔新四军，走上了抗日前线。国民党顽固派频频制造摩擦，1940 年 2 月，中共桐怀潜中心县委在桐西蒋铁乡望狮岭华家祠堂召开第一次党员代表大会，决定成立抗日游击大队，坚持敌后抗战。他们配合新四军第七师先后开辟桐东、桐南、桐潜边抗日游击根据地，袭击日伪据点，打击敌人的“清乡”“扫荡”活动。在与日伪土顽的斗争中，秘密交通站戴长春饭店的戴长春夫妇等众多英烈惨死在敌人的屠刀之下。

刘邓大军进军大别山，使得桐城的武装斗争进入空前火热的阶段。1949 年 2 月，桐城彻底解放，4 月 15 日，刘伯承、邓小平在桐城中学召开军、地干部大会，发出渡江作战的命令，大军在嬉子湖等内湖水面日夜开展水上练兵活动。桐城人民成立支前指挥部，征集船只，修桥筑路，组建兵站，支援粮草，为渡江战役作出了巨大贡献。

在艰苦卓绝的革命斗争中，从桐城这方土地上，走出了黄镇、姚佐唐等众多卓越的革命家，更有无数的先烈把热血洒在民族解放和国家建设的事业中，据《桐城县志》记载，牺牲在各地、录入姓名的桐城籍烈士有 673 人。1963 年，桐城县人民委员会于县城西门外祈雨岭兴建烈士塔，以表达对革命先烈的永恒纪念。

（汪文涛　撰）

# 桐城大地上的抗日烽火

1937 年 7 月 7 日，卢沟桥事变爆发，日本帝国主义悍然发动全面侵华战争，桐城也惨遭战火。抗日战争期间，日军飞机轰炸了桐城县城、孔城、练潭、罗岭、陶冲、范岗等多地，日军多次侵入桐城并先后三次占领桐城县城，烧杀淫掳，无恶不作。桐城军民奋起反抗，桐城大地上燃起了抗击日寇的熊熊烈火。当时活跃在桐城抗日战场上的主要是共产党领导下的新四军游击队，也有国民党正规军和地方武装，还有人民群众。其中最具代表性的战斗是棋盘岭伏击战和六横山阻击战。

1938 年 9 月 1 日，新四军四支队七团三营在范家岗棋盘岭西侧设伏。上午九点多，日寇三辆汽车从桐城方向开来，进入了新四军的伏

棋盘岭抗日伏击战旧址

击圈，战士们迅速投出手榴弹，将两辆车上驾驶位的日本兵炸死，乘车的日本兵纷纷跳下车，利用公路东侧的水沟作为掩体向新四军还击。新四军战士用轻机枪压制住敌人火力，将水沟里的敌人基本歼灭，仅两个日本兵逃脱。第三辆车因在伏击圈外得以掉头逃走，这一战新四军战士零伤亡歼敌 14 人。

9 月 3 日，新四军四支队特务营和七团三营再次在棋盘岭设伏，日寇的车队从安庆方向开过来，先头的两辆汽车抵达棋盘岭隘口时，被新四军便衣班用手榴弹炸毁，第三辆车距离后面的车队有四里多路，也被新四军用集束手榴弹炸毁，三辆车上的 10 名鬼子 6 死 4 伤。后面日寇的 80 多辆汽车接连开来，停在公路上，前后绵延数里，车上 200 多名日本兵慌乱中下车乱跑，被我军火力大量杀伤。战斗进行了半个多小时，日寇的炮兵和骑兵赶来增援，在敌我力量悬殊的情况下，新四军迅速撤出战斗。这一战，打死日军 70 多人，炸毁烧毁汽车 50 余辆，还缴获了大量武器弹药和军需物资。

1938 年 6 月，侵华日军占领安庆后，为打通贯穿安庆至武汉的桐城东、西大路通道，多次派兵攻打桐城练潭、双港的大横山一线。为挫败日军阴谋，中国政府先后派出安徽省保安第 5 团、国军第 48 军 176 师等驻守大横山，并在山上挖出四道“之”字形环山战壕，筑碉堡四座。从 1938 年至 1944 年，中日军队在此反复展开争夺战，其中最大的一次战斗发生在 1944 年 3 月 2 日，驻安庆日军进犯练潭、大横山一线，国军奉命阻击，毙敌 200 余人，伤敌 100 余人，日军被迫退回安庆。

抗日战争期间，桐城军民付出了巨大的牺牲，先烈们的英雄事迹可歌可泣，必将永载史册，万古流芳！

（舒　林　撰）

# 桐城人民翻身得解放

1947 年 6 月 30 日，由司令员刘伯承、政治委员邓小平率领的晋冀鲁豫野战军，千里挺进大别山，开创了大别山根据地，揭开了解放桐城的序幕。

9 月 10 日，驻扎在舒城的三纵八旅旅长马忠全，命令该旅 22 团团长涂学军率领先头部队攻占桐城县城。深夜，他们到达城外，二连和三连兵分两路，分别采取智取和强攻手段进入城内，并迅速扫除残敌，桐城获得了第一次解放。

9 月 11 日拂晓，八旅旅长马忠全率部进入桐城县城。同时皖西工委和皖西人民自卫军部分领导及部队也前来会师。军、地两方领导人在桐城中学召开了连以上干部会议和数千人参加的庆祝大会。会后成立了中共桐城县委员会和桐城县民主政府。数日后因战略需要，三纵八旅撤离桐城，挥师西进，中共桐城县委和县民主政府旋即转移至黄甲山区蒋铁乡叶家湾。

10 月 14 日，三纵七旅和九旅在取得六安张家店消灭国民党军一个正规旅的重大胜利后，部分兵力再次南进攻克桐城县城，歼灭守敌国民党青年军部分主力，第二次解放桐城。11 月下旬，国民党调集 14 个整编师 33 个旅的优势兵力，对大别山根据地展开全面围攻，桐城县城再度被国民党军队占领。

1949 年 1 月初，随着人民解放军取得淮海战役的胜利，华东野战军南下先遣纵队以及皖西独立旅、桐庐独立团、桐城县大队等地方武装，一边狙击歼灭淮海战场溃败南逃的国民党军残部，一边歼灭桐城境内国民党联防队。国民党桐城县党政军特人员自知大势已去，纷纷南逃，国民党在桐城的统治随之土崩瓦解。2 月 4 日，中共桐城县委和县民主政府机关及县大队由桐西巴铺进入桐城县城，标志着桐城获得第三次解放，也是永久的解放，标志着一个旧时代的结束，一个新时代的诞生！

桐城解放后，全县人民欢欣鼓舞，各地纷纷举行庆祝活动。当时有一副悬挂在庆祝大会主席台两边的楹联或可作为写照：

解倒悬苦，庆演黄梅，金鼓响连天，喜效尧民歌击壤；

做主人翁，欢呼胜利，管弦声动地，支援勇士渡长江。

上联侧重描写桐城人民获得解放的喜悦心情：桐城解放，解除了人民的深重苦难，人们敲锣打鼓庆演黄梅戏，仿佛尧帝时人民欢乐而歌。下联侧重描写桐城人民当家做主，就要做好主人翁，要积极支援中国人民解放军渡江作战，解放全中国。言为心声，桐城人民这样说，就是这样想的，更是这样做的，在其后的渡江战役中作出了巨大贡献。

（潘忠荣　撰）

# 渡江战役的桐城记忆

1949年2月4日，桐城获得解放。3月18日，中国人民解放军第二野战军（以下简称二野）主力部队陈锡联三兵团、杨勇五兵团先后经桐城开往长江北岸，扫清了国民党残余兵力后，开始调集船只，训练水手，筹粮备物，准备渡江作战。

4月1日，二野刘伯承司令员和李达参谋长亲临桐城县罗岭龙家祠堂，察看渡江船只和船工的准备情况。4月2日，二野十二军接管全部船只和船工，实行军事编制，并开始向近江的桐城花山、长河一线转场。4月5日，刘伯承、李达又到罗岭龙家祠堂，查看水手训练情况，选择起渡和登陆地点。4月14日，刘伯承、张际春（二野副政委兼政治部主任）、李达等从舒城来到桐城，二野政治委员邓小平从肥东来到桐城县城，下榻在桐城中学图书室西侧的四合院。4月15日，在桐城中学召开师及地方地委级以上干部会，邓小平传达中共七届二中全会精神，刘伯承号召部队进行渡江作战准备和加强政治思想工作。4月17日，刘伯承、邓小平向西线部队下达了于4月21日开始渡江作战的命令。

4月19日，二野司令部由舒城迁至桐城中学，简称渡江战役二野司令部，这是中国人民解放军实施渡江战役三大渡江集团（西线、中线、东线）指挥中心之一，司令部作战室即设在桐城中学图书馆内。4月21日，二野所属部队遵命于17时30分开始炮击，17时55分开始登船渡江。很快摧毁了国民党长江防线，渡江战役取得完全胜利。4月

渡江战役二野司令部旧址

28日，二野司令部离开桐城，经合肥、全椒，于4月29日到达南京。

在整个渡江战役中，桐城人民作出了卓越贡献。全县共筹集军粮5.3万石，马草50万斤，军用雨布3万余丈，军鞋12万余双，以及大量柴草、竹木、铁钉、麻袋等物资；出动长期民工3 265人，短期民工8.15万人，组织随军担架团计1 500余人；调集帆船70余艘，训练渡江水手数百名；抢修公路多处、桥梁28座，设仓库、兵站数所。共有15人荣立特等功，41人立一等功，105人立二等功，180人立三等功。船民叶昌义夫妇驾驶的二六号船荣获中国人民解放军一〇六团政治部颁发的“水上英雄——渡江第一船”奖旗一面。

渡江战役二野司令部旧址原为桐城中学图书馆，系一幢高台基的近代建筑，面积231平方米，坐西朝东，为抬梁式砖木结构。面阔一间，进深三间，四周设回廊。坡面屋顶，小瓦铺盖，边门券窗，厅式布局。1980年被列为县级重点文物保护单位，1996年被中共桐城县委定为爱国主义教育基地，现已辟为“二野渡江战役纪念馆”。

（潘忠荣　撰）

# 杏坛弦歌

# 桐城进士知多少

“五里三进士，隔河两状元”，说的是明清时期桐城科举人才辈出的盛况。“五里三进士”，指的是桐城进士姚孙棐、龙鲤门、许鲤跃；“隔河两状元”，指的是练潭河两岸分属怀宁、桐城的明崇祯元年（1628）状元刘若宰、清嘉庆十九年（1814）状元龙汝言。桐城科举教育的成功和进士的多产，由此可见一斑。

始于隋朝的科举取士制度，经过长期演变，到明清时期趋于成熟与定型。对于每个应试者来说，科举是他们入仕为官、博取功名的通道，但消耗了他们大量的时间、精力与财富，其间的艰难困苦无以言表，而有幸高中进士者实为凤毛麟角。在严苛的选拔和激烈的竞争下，桐城士子交出了令人惊叹的答卷。

据有关资料记载，桐城唐代至元代仅有曹松、李公麟、李公寅、李公权、张汉卿、阮晋卿、朱翌、刘让、刘详、徐良佐等10余人高中进士。到了明代，科举大盛，据马其昶《桐城耆旧传》统计，桐城明代有进士80人，清朝出了153名进士。也就是说，明清两代，桐城共有进士233人。而当代研究由于采用的资料来源和判定标准不一，关于桐城明清进士确切人数的结论不尽相同。曹光玲在《明代安庆府科举人才研究》一文中，考订明代安庆府进士178人，其中桐城85人（本籍79人、寄籍6人），占安庆府进士总数的47.75%。王晶《清代桐城进士研究》一文，考订清代桐城进士为152人，数量超过其他五县的总和，在安庆府独占鳌头，亦位居安徽前列；从全国范围看，清代平均每个县有进士 17.5 人，桐城一县进士数量是全国平均数的近 9 倍。

明清时期，进士登科分为一、二、三甲，殿试一甲三人，第一名为状元，第二名称榜眼，第三名谓探花；二甲头名称为传胪；会试头名称为会元，这些人都被称为巍科人物。桐城清代进士不仅人数多，而且进士甲第名次比明代高，其中一甲进士 4 人，二甲进士 87 人，三甲进士 62 人，一、二甲人数远多于三甲；巍科人物有状元龙汝言，榜眼程芳朝、戴名世、张廷璐，传胪有张廷珩、张若霭、孙起端，而戴名世与马教思、吴贻咏都是会元。这些耀眼的成绩，既是桐城士人寒窗苦读的回报，也彰显出地域文教风气的昌隆。

桐城明清进士群体中，有官居台阁、政绩突出的治世能臣，有才华横溢、独步群伦的学术大家，还有一大批循吏名宦和教坛名师。他们以自己的才学与贡献，为桐城历史增添了别样的光彩。

（方宁胜　撰）

# 桐城三大科举望族

明清时期，张、姚、马、左、方、吴、叶等移民家族在迁居桐城之后，历经几十年甚至上百年的奋斗，从耕读之家跃升为科举望族，其中以清河张氏、桂林方氏、麻溪姚氏最为典型。

清河张氏始祖于明初由江西迁桐，子孙孝悌力田，勤俭持家，至六世张淳，高中隆庆二年（1568）戊辰进士，历官至陕西临巩道参政，开启了桐城清河张氏科举入仕、振起家声的篇章。据张英十一世孙张泽国先生研究，明清两代，桐城清河张氏传承近20世，合族计有秀才以上功名者近千人，占总人口（指男丁）的20%左右。涌现进士26人，其中一甲第二名（榜眼）1人张廷璐，二甲第一名（传胪）2人张廷玠、张若霭；举人89人，其中乡试第一名（解元）1人张曾敭；而贡生、国子监生多达700人。三四百年间，清河张氏先后入仕为官者有734人，上至尚书宰辅，下至州府县令，宦迹遍及全国，呈现“父子双宰相”“四世得谥”“六代翰林”的盛况，其世系蝉联，门阀清华，可谓空前绝后。

桐城桂林方氏自宋末元初方德益移居桐城凤仪里始，崇德好义，身体力行。五世祖方法于明建文元年（1399）由应天乡试中举，开家族科举仕宦先例。六世方懋家境丰裕，教子有方，家有五子，皆负贤名，乡人誉之“五龙”。其中，二子方佑于天顺元年（1457）中进士，五子方瓘举于乡，方氏家族由此走上科举兴家之路。都谏王瑞为其大门题额“桂林”，取“蟾宫折桂、连桂成林”之意，桐城“桂林方氏”由此得名。据资料显示，方氏一族自明初至清末四百余年，科举仕宦者达147人，其中进士31人，举人54人，生员有数百人。仅明万历一朝，就有方大镇、方大美、方大铉、方大任、方孔炤五人中进士，步入仕途。清代，虽受到科场案和文字狱的打击，桐城桂林方氏依然在科举、文章、政事诸方面有突出的表现。当今学者誉之为“我国第一等的诗礼之家”“继曲阜孔氏以后对中国文化影响最大的家族”。

祖籍余姚的桐城麻溪姚氏一世祖姚胜三，跟随做官的父亲来到安庆，移居桐城麻溪河畔，以耕读传家。至五世姚旭，中明景泰二年（1451）辛未科进士，官至云南布政使司右参政，晚年定居县城。此后，姚氏一族科举捷报频传，硕儒名宦辈出。资料显示，明清两代姚氏家族有进士21人，举人35人，其中不乏姚文然、姚文燮、姚范、姚鼐、姚元之、姚柬之、姚莹、姚永朴、姚永概等名宦硕儒。就家族而言，其文学成就之高，学术著述之多，各类人才之众，清代近三百年间其他家族无出其右。

桐城科举望族的相继涌现，既得益于家族先祖的远见卓识、科举成功者的示范带动，也离不开家族的经济支撑和重视教育。今天，回望桐城过去科举望族的辉煌，仍能从中获得有益的启示。

（方宁胜　撰）

# 麻溪姚氏唱和《感怀》诗的教育传统

子弟登科之际，步韵唱和八世祖姚希廉《感怀》诗，是明清时期桐城麻溪姚氏家族延续数百年的传统。它既是麻溪姚氏励志重教的生动体现，也是这一家族科第联翩的动力源泉。

姚氏八世祖姚希廉（1514—1563），字崇贤，号葵轩，是明景泰二年（1451）进士、云南布政使司右参政姚旭的曾孙。少习举业，精于六艺。由于父亲早逝，诸弟妹年幼，家道中落，被迫放弃科举。但仍重视子女教育，曾不远千里延请名师教授子侄。据马其昶《桐城耆旧传》记载，有一年，姚希廉因家庭贫穷，困于徭役。同族中有人出身秀才，按例可以免除徭役，且家境富裕，饶有资财。姚希廉请他施以援手，却遭拒绝。恰逢除夕，炊麦未熟，而征收赋役者追索上门，号呼叫骂，弄得姚氏一家人过年也不得安宁。姚希廉感慨万分，挥笔写下一首《感怀》诗，诗前小序交代写作背景与缘由，希望子孙后代发愤读书，“苟富贵，无相忘”。诗曰：“四十年来光景殊，蹉跎岁月竟何如？儿童五六饥寒迫，家计萧条事业孤。爨火烟余蒸麦熟，竹篱

掩罢听征呼。重重乐事人间有，寥落凄凉似我无。”

姚希廉去世后，其长子承虞督导诸弟勤奋苦学，有倦怠者，即以《感怀》诗句鞭策之。后来，姚希廉的两个孙子姚之兰、姚之骐相继考中进士，姚家自此跻身望族之林，并逐渐形成步韵唱和《感怀》诗的家族传统。

起初，姚承虞的四个弟弟于服父丧期满不久，即同时考入郡学、县学，兴奋之余，想起父亲《感怀》之作，遂步其韵，各赋诗一首以和之。后来，姚自虞长子姚之兰乡试中举及高中进士后，也都分别步韵和诗；姚之兰第四子姚孙棐中进士后亦仿效之。此后，姚氏子弟进学、得科名，莫不奉和《感怀》诗，日积月累，和诗众多，以至结集刊行。

这一和诗传统延至十六世姚鼐，因其登第时不肯和诗而一度中断。大约在他看来，《感怀》诗本意在于勉励后代心存仁厚，体恤族人，凝聚奋发向上的力量，而后世和诗更多表现金榜题名后的春风得意，内容陈陈相因，了无新意，故此他不愿为之。到十九世姚濬昌，这一中断的传统又得以恢复。光绪十四年（1888），其三子、时年23岁的姚永概在江南乡试中喜登榜首，成为麻溪姚氏家族的首个解元。姚濬昌喜不自禁，作《儿概得乡荐解首敬和先八世祖感怀诗韵且以勖之》。及次子姚永朴于光绪二十年顺天乡试中榜，他再步原韵又作一诗，表达对儿子中举的欣喜及对其会试联捷的期待。

光绪三十一年，清政府废科举，兴学堂，姚家步韵《感怀》诗的传统随之终结，但风雅音调未绝，流风余韵深长。

（方宁胜　撰）

# 桐城母教懿范

明清时期的桐城，不仅男子从学受教之风浓厚，而且十分重视对女子的教育。清道光《桐城续修县志》记载："邑重女训，七八岁时以《女四书》《毛诗》授之读，稍长教以针黹，尤必习于井臼，虽巨室不娇惯。"尤其是名宦世家的闺阁女子，在习作家务的同时，都须读诗书、明礼仪，以故通儒理、好吟咏、工琴画者甚多。

仕宦人家，男子宦游在外，家中姑妇则担起主持家政、教养子弟之责，因之未成年之子多有赖于母教。姚兴泉在《龙眠杂忆》中就咏唱过这种情景："桐城好，母氏更操心。有父作官还作客，教儿宜古更宜今，宵共补衣灯。"母氏之懿德、才识使子女在德行、诗书及世务上大所得益。方维仪18岁时丧夫，守节归家，兄长任职湖广，嫂子又早逝，遂担起教养侄子方以智之任，使其文史大通，博识百家，而后有"百科全书式学者"之称。

桐城母教首在德行，注重子女品德修为的养成，以此为立身行世之本。她们往往以自身为范，躬行简朴，孝悌友爱，循理敏事，谨言端行，令仪壶范为邻里亲族之表。康熙帝曾赞张廷玉兄弟"母教之有素，不惟父训也"。她们教育子女正身、守义、廉俭养德。国子监司业胡宗绪幼年丧父，母亲孤身抚子。一日见宗绪衣衫破败，知是穿行荆棘所致，令下跪，以竹杖责打，说："立身行世，每一步都要谨慎，你怎么不走正路，敢任性胡为？"南明时，姚孙棐遭阮大铖诬陷，与同乡左光先一同陷于狱中。其子姚文然兄弟忧惶无计，有人指点，可

以归罪于左光先。母倪夫人闻之痛斥："你等以此为父求生，有何面目见乡里亲党？平昔读书教你们怎样为人的？"兄弟惭愧不已。后因清兵南下，其祸自解。

世家大族女性为维持家声，拓展远大前景，尤为重视子女学业。她们精选良师，款之以礼，待之极恭，即使生活陷于困顿，典当衣物，也要保障子女受教。何如申、何如宠兄弟在县学读书，其母每月托人送米，有一月家中空无米粮，就托人将自己陪嫁的簪子带了过去。何氏兄弟捧簪大哭。有时，她们还亲自授读。姚范年幼时多病，不能上学，母亲任氏亲为授课。姚莹母常为其兄弟说《诗》《礼》二经及古今贤哲事，手抄艺文数十篇、唐诗百首令其读，笔画端方如一，业师都为之惊叹。她们对待子女教育，要求也极其严格。姚莹在《先太宜人行略》中说，幼时读书，每当讲授，其母张宜人必于屏风后窃听，有所开悟则喜，有不悟或懈惰，待师去后必以绳鞭惩罚。姚兴泉母胡太君，白天令子受教于师，夜晚则掌灯亲授。有同学来谈，必于厅外观听，若言及大义，则沽酒备肴招待，若稍有戏谑，则立加呵逐。以故桐城世家多门祚不衰，延泽数百年之久。

（汪文涛　撰）

# 给皇家讲课的桐城人

明清时期，皇帝为便于召集大臣与自己讲经论史，资政议事，特设御前讲席，谓之经筵。其讲师或者说讲官，称为“日讲官”，一般由翰林院学士或有关高级官员兼任。清康熙九年（1670）设置起居注馆，由日讲官兼任起居注官，谓之“日讲起居注官”，既为皇帝讲解经史，具有“帝师”性质，又负责记录皇帝的言论行为，日常活动随侍在侧。如果讲官出缺，除由翰林院掌院学士兼充外，唯有编修、检讨等词臣方能入选。故清代名儒翁方纲称：“仕宦以词臣为荣，而词臣尤以讲官为荣也。”

在桐城名宦中，明代担任经筵讲官的有叶灿、倪嘉善等人，清代则有方拱乾、方孝标、马教思、张英、张廷瓒、张廷玉、张廷璐、张廷瑑、张廷珩、张若潭、张若霭、张若需、张若澄、张裕荦、张曾敞等人。而名气最大、地位最高者，当属张英、张廷玉父子。

张英于康熙十二年，以编修充日讲起居注官，后迁侍读学士。康熙十六年，诏令选拔作风朴实、学问精深的词臣，每日侍从皇帝左右，为其讲解经学，诵读典籍，并备顾问或征召。张英每天一早即来到为经筵讲官设立的小几旁边，与其他讲官一起，为皇帝讲解《论语》《尚书》《中庸》《孟子》《易经》《资治通鉴纲目》等，论说治国理政之道。康熙甚为欢喜，曾对翰林院掌院学士喇沙里、陈廷敬说：“尔等每日进讲，启导朕心，甚有裨益。”南书房设立后，张英有幸诏选入内，并赐居西安门内，开清代词臣居禁城之先河。一时典章制诰，多出其手。张英后来屡获重用，官至文华殿大学士，兼礼部尚书。

张英之子张廷玉于康熙四十三年以翰林院检讨身份奉命入直南书房，充日讲起居注官；康熙五十六年，任经筵讲官，深受康熙器重。雍正即位后，张廷玉以其周敏勤慎，为皇帝所倚重。雍正元年（1723），奉特旨为诸皇子师傅，教授皇八子福惠等人，尽心尽力，受到雍正帝赏识，提拔进入内阁，参与处理朝政要务。雍正时期，张廷玉与皇帝的关系十分密切，达到“名曰君臣，情同契友”的境界，雍正遗诏中称：他日以张廷玉配享太庙。

桐城张氏自张英以下四世十人，或侍讲经筵，或身依讲幄，恩荣隆遇萃于一门，为古今稀有的盛事。乾隆五十九年（1794），张英的曾孙张曾虔辑刊《讲筵四世诗钞》，录张英、张廷瓒、张廷玉、张廷璐、张廷瑑、张若潭、张若需、张若霭、张若澄、张曾敞等一门四世十人诗作，以家集的形式刊刻，用以彰显张氏四世相继，入翰林、为讲官的殊荣。此集后毁于兵火。光绪十九年（1893），张氏裔孙、同治进士、曾任江西布政使的张绍华，不忘先泽，重加搜求，编为十卷，刊行于世。今被收入《清代家集丛刊续编》。

（方宁胜　撰）

# 北京城中的桐城试馆

明清时期，为了给赴京赶考的读书人和在京等候朝廷任命的官员提供住宿、饮食之便，各省、州、县纷纷在北京城内设立会馆，最多时有 500 余所。清康熙中叶，科举大县桐城也在京城设立了具有会馆功能、主要为桐城士子进京考试服务的“桐城试馆”，其创建者为老宰相张英。

清康熙四十年（1701），张英年老归里。临行前，皇帝特地给了不少赏赐，京城同僚旧好也以礼相送。张英想到家里田地、住房不缺，生活无忧，就与家人商量，用这些钱办件积德行善的事。张英出身科举，知道家乡不少士子来京参加会试或顺天乡试，因为家贫租不起房子，住不起旅店，无处安稳栖身，只得忍受凄风苦雨，经历饥寒交迫，更有人因此染病而亡。张英念及此，遂于前门内顺城街靠近礼部的地方，买下一座坐北朝南的三进四合院，改建为“桐城试馆”，供桐城考生备考、候榜时暂住。

张英一生在京为官，早年薪俸微薄，靠租房居住，虽后来入了南书房，住在官宅，但个人仍无力解决家乡士子入京落脚问题。此次能用皇帝赐金设立桐城试馆，算是了却一桩心愿，随即亲笔题写“桐城试馆”四个大字，制为匾额，悬于门楣。试馆门口有石狮两尊，馆内建有魁星阁。后于正厅抱柱镌刻一联：“前辈声名满天下，后来兴起望尔曹”，相传为桐城名宦、书画家姚元之所撰，旨在勉励桐城学子以前辈为榜样，努力进取，发奋成才。自从“桐城试馆”设立，来京应试的家乡贫寒士子，不再担心无处寄身。他们入住此间，既省却了租赁房屋的费用，又得到稳定的膳宿保证，因而能以充沛的体力和精力投入艰巨的备考应考事务之中。

桐城试馆的运营费用主要来自在京官员等热心人士的捐助，以及取得功名者的例捐等。由于桐城居京为官者不少，热情襄助者众多，因此直至清末，桐城试馆仍在正常运转。其时，桐城人士来京，即使不是为了应试，经人介绍，也可借此暂住。清光绪三十一年（1905）八月二十六日，清政府派五大臣出国考察“宪政”，结果五大臣在北京正阳门火车站遭到炸弹袭击，五大臣只是受到轻伤或惊吓，而行刺的年轻人却肢断腹裂，壮烈牺牲。后经侦查，得知刺客为寄住桐城试馆的原保定高等师范学堂学生吴越。这位从桐城走出来的近代民主革命志士，为了揭穿清政府的“立宪”骗局，隐居桐城试馆，策划实施了这起刺杀行动。

清亡以后，桐城试馆一直由在京桐城人管理，供来京乡亲歇脚住宿。20 世纪 50 年代后，被收为公管房产，分给市民居住，直到 2007 年底被拆除。桐城试馆从此成为一段只可凭吊的记忆，但张英等桐城乡贤造福桑梓、嘉惠士林的那份情怀，却历久弥珍，永载史册。

（方宁胜　撰）

# 办学的典范桐乡书院

明清时期，桐城境内学塾遍布。学塾分蒙馆、经馆，蒙馆主授《三字经》《百家姓》《千字文》《幼学琼林》等，经馆学习《四书》《五经》《古文释义》等。生童经由童试的选拔后可以往府、州、县学学习。但这些官学的招生额度是极其有限的，因此在官学之外，有了民间书院的存在。

明嘉靖初年，桐城知县沈教在县城西北灵泉寺故址创建桐溪书院，此为县内书院之始。其后又有龙山书院、桐阳书院。因明廷多次下令禁办书院，县内书院几经兴废。清乾隆年间（1736—1796），张

孔城桐乡书院朝阳楼

若瀛告老还乡，在县城学宫附近创建毓秀书院，自为山长。境内相继又有培文书院、天城书院、白鹤峰书院、丰乐书院、桐乡书院，其中最有名者为桐乡书院。

桐乡书院由戴钧衡等人在现今的孔城镇中街创建。戴钧衡，字存庄，号蓉洲，桐城派作家。他少年时即意气风发，诗文锦绣，深得曾国藩赏识。平生矢志于经世致用，熟读经书，曾屡屡上书言政，条举时政利弊，累达数万言。他认为，国家治政关键在于“得人”，开科取士，务在取用明晓道义、立身纯正、懂得经世致用的人。道光二十年（1840），戴钧衡联络同乡文聚奎、程恩绶倡建书院，募得房舍五幢，田产十数处，第二年秋开课。桐、舒一带从学者百余人。

书院为科举讲习所，谋求生童乡试及第。其教育以自主研习为主、集中讲授为辅，所以多用考试的方式督促生童学习。戴钧衡在书院订立严格的课试制度，用大课、小课、散题课等办法力促生童勤学。大课每年春秋各一次，请县令督察，专人评阅。小课每季度一次，在书院集中考试，由县学老师或名贤评定名次。散题课则每月一次，分送到各聚集之所，统一收阅。逢乡试之年，增设决课，决课采用弥封、坐号、浮票等办法严格管理。对于成绩优异的生童，书院奖励纹银、补助膳食，如果生童参加乡试，则补贴试资。优秀诗文，由书院汇编刊刻。

戴钧衡力求建立完善的书院制度，他撰写《桐乡书院四议》，从择山长、祀乡贤、课经学、藏书籍四个方面阐述办学理念。他认为，山长须经共议推举，请精熟经义、德行高尚、老成持重的人担任，如果道德、文章不足为世范，则不能服众；教授经学要力求根柢，讲圣贤之道，考治乱之本，行修身之用，以求能真正致用于世；书院藏书要丰富，就如农夫种五谷、妇女纺蚕丝一样，为养生暖体的根本之道。他的《桐乡书院四议》被清廷诏令全国效法，并载入《皇朝正典类纂》。道光三十年，安徽学政罗惇衍撰《桐乡书院记》盛赞其办学成效："任其事者，矢以实心，不数年，而文教蒸蒸，斐然可观。"

书院朝阳楼及《桐乡书院记》碑刻今尚存于世。

（汪文涛　撰）

# 勺园书声传久远

勺园位于桐城六尺巷西端，初为清代大学士张英之父张秉彝的别业，后归其三子张杰，经多次扩建，规模渐盛。园内建有亭阁或廊轩类建筑多座，风光秀美，生机盎然，是文人唱和、子弟读书的好地方，张英曾留下"凭池添新阁，鱼戏读书灯"的诗句。清康熙六十年（1721），桐城派"三祖"之一的刘大櫆应张杰孙子张若矩（字闲中）之聘，在此授经。教学之余，与张若矩及叶酉、方颂椒、姚范等一众好友时相往来，结下深厚友谊，其诗作《客勺园赠张闲中》即描写了勺园之美与交游之乐。张若矩去世后，刘大櫆作《祭张闲中文》，回忆授经勺园之往事。若干年后，他重过勺园，抚今思昔，发出"长廊蝴蝶花开处，犹记持杯共对时"的感慨。

清道光年间（1821—1850），张氏后人张勋居此，与方宗诚、文汉光、甘绍盘等文人时相雅集，友人马晴斋绘《勺园雅集图》，江有兰有《勺园雅集图诗》，记录当时盛况。其后，鲁谼方氏后裔方宗诚从张氏手中购得勺园，保持原貌，续建九间楼等建筑。清末，方宗诚之子方守敦居于此，光绪三十年（1904）七月，桐城公立中学堂由安庆迁回，新校舍尚未完工，暂借勺园先行上课。方守敦将家塾设于园内凌寒亭，有屋三间，相对独立，方氏子弟按年龄段由不同的老师授课。他要求子孙先在家塾打牢国学底子，而后再入中学堂学习“西学”。其时桐城中学堂每年录取新生，按入学考试分数高低发榜，凡有方氏子弟参加考试，第一名就不会旁落。

方氏家塾能够如此出类拔萃，很大程度上得益于塾师教学有方。据方守敦的孙子舒芜（方珪德）回忆，他从 7 岁到 11 岁，和堂兄弟姐妹们一道，在家塾读书，先后受教于三位老师。其中，詹西年先生 20 来岁，授《弟子规》《三字经》；张梦渔先生 30 来岁，教《读史论略》和《四书》；殷淳夫先生三四十岁，教《诗经》《左传》《礼记》《书经》《易经》。三位先生都善于讲解，让学生一听就懂，而且没有体罚。舒芜最喜欢听讲《左传》，因为那里面有历史故事。《诗经》是韵文，读来朗朗上口，也能引起他诵读的兴趣。舒芜晚年客居京华，依然常常怀想三位老师，著文称赞他们的功德。怀宁英才徐中舒早年也曾在此任教，后于 1925 年考入清华大学研究院，成为一代史学大家。

1938 年夏，日寇侵入桐城，勺园遭损毁，众多藏书及书画古籍化为灰烬。在此前后，勺园子弟陆续成长起来，涌现出方令孺、方孝岳、方孝博、方玮德、舒芜等名流大家。

如今，整修后的勺园依然伫立于原址，以不凡的气度与风貌，展示鲁谼方氏家族文化的厚重，传承这座城市的绵长文脉，吸引世人钦敬的目光和流连的脚步。

（方宁胜　撰）

# 桐城读书人的勤学故事

方以智的祖宅有一间稽古堂，堂前有一副楹联：“两间皆字海；一画始羲皇。”稽古堂藏书浩博，前经旧史、百科杂著毕备。方以智自幼沉浸其间，博涉群书，烹炮百家，以致经史礼法、天文物理、文字音韵、书画琴棋、占卜医药，以及技击之术，无不精通。他一生著述数百万言，天下号为鸿儒。清代文渊阁收录其《通雅》《物理小识》等书，称“明一代考据之书罕与并”。姚鼐的伯父姚范，家藏图书也极丰富，年轻时，与同乡好友登楼共学，相约十年不下楼，举凡经史百家、天文地理、文字训诂、佛老著作，一一遍览。姚范中进士后，任翰林院编修，更是嗜书如命，且手自校勘，旁注点评，每日笔墨不离手。他的曾孙姚莹后来将其书眉的批注辑录成《援鹑堂笔记》五十卷。

桐城举凡世家、民户子弟皆好学成风，其间有许多刻苦自励的故事。盛世翼，明户部侍郎盛汝谦之子，年轻时文思敏捷，白马轻袍，风度翩翩，满街人见之皆叹羡不已。自22岁中举后，一直科场蹭蹬，闭门苦读五经。他自题书馆名“委心”，摒绝一切亲友、书札往来，每日手抄不倦，端坐凝想，或喃喃不休，以致边幅不修，有若痴汉。35岁时终中进士，成就“一门三进士”的美誉。其叔祖盛德也以苦学传名。盛德为县学诸生时，屡试不利，遂入投子寺，寄身庵堂闭窗苦读。他将别人的试案粘贴在墙板上，把自己的附于其中，相互比较，觉得有所进展则前移，誓言不超越他人绝不归家。在其后的县试中果得头名，旋又中乡试举人。

吴汝纶也有许多好学成痴的故事。吴汝纶十多岁时，太平军占领桐城，社学、书院尽废，他只能自学。一次，他在书房里关着门读书，家人送去一篮芋头粑和一碗白糖，嘱咐他蘸糖吃。家人去收拾时，见白糖未动，吴汝纶却有了一张大黑嘴。原来他读书专心，把砚池内的墨汁当白糖蘸着吃了。16岁那年正月，他去舅父家拜年，一手提礼物，一手拿本书，边走边看书，途中跌倒在田沟里，便爬起来坐在沟埂上继续看书，过路人都以为他是个呆子。待他动身走时，仍只顾看书，又忘记带走礼物，结果只拿着一本书进了舅父家。

这种勤学精神一直传承不息。在桐城中学有个“煤油灯”的故事。20世纪八九十年代，物质条件还比较艰苦，学生为加强学习，每两人自备一盏煤油灯，家庭贫困的学生就用墨水瓶、棉线自制小灯，在夜里十点统一熄灯后，点起灯盏继续学习。幽暗的深夜里，各个教室里灯光点点，成为一道独特的景观。

（汪文涛　撰）

# 倾力兴教的桐城地方官员

明清时期，桐城人文兴起，长盛不衰，这离不开主政官员对教育的重视、提倡和垂范，他们倾心文教、礼贤下士的事迹，至今传颂。

明代，莆田人谢炯任桐城知县，施行仁政，不立威名。乐于培育人才，公务余暇，即召集诸生讲经论史，点评诗文，至半夜不倦，县内人文蔚然而兴。会稽人章守诚以进士任职桐城，为政清廉，留心培植人才，阅卷取士公正，有知人之名。丰城人徐鉴任桐城知县，持正不苟，考校士子时，整日正襟危坐，面无倦容；闭门阅卷，公正无私，士林叹服。

清代，江夏人郧汝楫以顺治十二年（1655）进士任职桐城七年，政声颇著。他曾于县城城楼设立教馆，延请塾师教导平民子弟。湖北孝感人、顺治十六年进士胡必选，任桐城知县七年，兴利除弊，筑堤修城，倡修县志，设立乡塾，教民读书识字。

道光元年（1821），广西临桂人、乾隆五十七年（1792）举人廖大闻出任桐城知县，重教劝学，每月都到文庙明伦堂宣讲圣谕，使父老子弟知晓大义。在他的倡导下，里人刘存庄、潘楫等广募租银，在明代社学故址梵天城文昌阁建立天城书院。他带头捐出俸银，补县内培文书院、天城书院的伙食费缺口。又募资购买崇文洲作为学田，以洲息作培文书院经费。他还亲手创建考棚，设立义学，本县士子受惠良多。在他的影响下，桐城民风日益醇厚。道光五年离任时，乡民依依不舍，视其行囊，除图书数百卷外，别无他物。

江都人、道光十八年进士史丙荣主政桐城十年，重视教育，务实而行。为振兴东乡教育，他于汤家沟镇购买毕姓房产，建成丰乐书院，把崇文洲租息、生生会租息及谢姓捐田租息，作为正课生伙食费和书院维修费。又改定崇文洲章程，以三年洲息除去例行支出外，分作八股，将其中四股拨归培文书院，弥补其办学经费之不足。咸丰三年（1853），史丙荣升任亳州知州，桐城百姓依依不舍，相送数十里。

正是因为地方官员坚持不懈地关注教育，倾力兴教，启导有方，明清时期的桐城教育才能久盛不衰，涌现大量优秀人才，为科举教育的成功和文化的兴盛打下坚实基础。

（方宁胜　撰）

# 尊师重教传佳话

元延祐年间（1314—1320），桐城县令温士谦于县城首设学宫，开桐城文教之先。明兴以后，有硕学大儒不求官宦，隐居桑梓授徒讲学，尤以童自澄辅仁会馆、方学渐桐川会馆为盛，以致学风大开。不惟本土，诸多文士亦寄迹江湖，以讲学为务。戴名世早年设帐课徒，刘大櫆以教馆为生，方东树、马其昶穷研学术、诲迪后学，数十年孜孜不倦。姚鼐、吴汝纶甚至辞官从教，所掌钟山、莲池书院为天下翘楚，门生遍及海内。桐城派门下弟子讲学各地者更是不可胜数。一邑士人前后相踵，投身教育之深巨，蔚为奇观。

崇文重教的思想深植桐川大地，世家、民户皆乐于延师请学，至明中期，桐城社学已达 24 所，遍及城乡各地。除官办县学、社学外，贤儒、乡绅亦慷慨捐租资学，于民间遍立书院、义塾。桂林方氏富户方秬森捐田，兴办义塾，其子方传理、方传书亦于县城、浮山捐建学舍，招收贫家子弟。据《桐城县志》记载，民国初，全县经馆、蒙学有 2 000 余所。“子弟无贫富，皆教之读”，《桐城耆旧传》等描述其读书盛况为“城里通衢曲巷，夜半诵声不绝；乡间竹林茅舍，清晨弦歌琅琅”。学中最为彰著者，为戴钧衡于道光二十年（1840）创办的桐乡书院，其办学法度被清廷谕令全国效法。

桐城民风素来敬师重道。钱志立讲学辅仁会馆，每十日一往返，或乘竹轿，或骑老马，路人识其轿马，每所过，必端恭避让。姚希廉有子六人，他千里延师来教，虽家境不富，而束脩之礼必预为筹备。

他将售卖田产所得的钱放在中堂阁楼上，每月初一再恭恭敬敬地取下，奉送给老师。凡师之所言，无不竭力奉从。在嬉子湖，有个“裁襟励子”的故事，说的是民妇苏蕙华奉师重礼的事。一日，其子江兴汉放学归来，说师母要集百家布头，给婴儿拼做七彩围兜，尚缺一块红布，托其回家寻找。苏蕙华遍寻无着，便从箱底翻出珍藏多年的红绸嫁衣，剪下一片衣襟让他带给师母。

在桐城，为师者亦尚重节义，守职不移。姚鼐为天下名师，却清约寡欲，与人温容相处，有来问，不论贤愚，必竭诚相授，人皆乐于亲近，以故师生间常有若父子。姚鼐病逝于钟山书院，门人为其共治丧事。张廷瑑少时受业于吴歌熙，后吴离世，其子亦相继死，廷瑑将师母接到家中侍养，数十年如一日。桐城中学有一名师吴良兴，终身无儿女，北大教授、院士程和平待之如父，亲为其安排晚年终养之事，每回桐必探望问疾。吴老年高行动不便，一次摔折了腿，程和平闻知，星夜千里奔赴，为其请医诊治。师生间以道义亲情相交，佳话频传。

（汪文涛　撰）

# 桐城人编写的少儿启蒙读本

提到我国古代儿童启蒙读本，除了《三字经》《百家姓》《千字文》外，就要数《龙文鞭影》了。它由明代万历进士、汉阳人萧良有编撰，夏广文作注，初名《蒙养故事》。它广泛汲取前人所编蒙书材料的精华，融入二十四史人物故事和神话、小说、笔记中的典故，采用四言短句的形式，上下两句对偶，各讲一个典故，逐联押韵，按韵编排，是一部集自然知识、历史掌故于一体的韵体启蒙读物。

明末清初桐城学者杨臣诤认为这本书有益幼儿启蒙，只是内容太过简略，而夏广文所作的注文也有不少错误，于是对它进行补充订正，使之更加完善。同时，他将书名改为《龙文鞭影》，希望读者能够像古代的良马一样，只要看见鞭子的影子就会奔跑驰骋。自从杨臣诤增订并为之改名，《龙文鞭影》不胫而走，从学校私塾到士民人家，儿童吟诵之声随处可闻。后来，老宰相张英之女张令仪，仿照该书义例，扩大征引范围，纂成《锦囊冰鉴》一书。其弟张廷玉为之作序，褒扬张令仪勤奋好学，知识渊博；称赞杨臣诤《龙文鞭影》排列古事，对仗押韵，便于儿童诵习。

清代，桐城派重视编纂古文选本。为满足官学学童修习八股文的需要，方苞奉命编选了《古文约选》；姚鼐为了指导书院弟子研习古文辞赋，编纂了《古文辞类纂》。这两种经典选本，虽便于初学者阅读，却并非典型意义上的启蒙读物。晚清时期，吴汝纶在主持莲池书院时，以姚鼐《古文辞类纂》为据，编选《桐城吴氏古文读本》，供低龄学童阅读。光绪三十年（1904），他的儿子吴闿生又从中节取若干篇，编成《吴氏文法教科书》，供保定两江小学堂教学之用。虽然其初衷是为小学堂启蒙学习提供便利可用的教材，但使用者普遍觉得难度太大，叹为“高等学堂以上课本”。

吴汝纶的侄女吴芝瑛编写的《俗语注解小学古文读本》，倒是不折不扣的儿童古文读物。它印行于光绪三十四年三月。全书选录精短简洁、富有情趣的古文70余篇，全部用俗语白话注解。孩子们因其内容通俗易懂，乐而爱读，从中得到道德的熏陶和智慧的启迪。

1918年，姚永朴、姚永概兄弟在北京正志学校任教时，编印了《初学古文读本》两卷，供小学以上学生阅读。作为桐城派古文大家，姚氏兄弟能放下身段，亲自编选这一启蒙性质的古文读本，是期望

“从娃娃抓起”，接续古文传统，重振桐城气象。

（方宁胜　撰）

# “人才的摇篮”桐城中学

桐城中学是一所名闻遐迩的百年老校，成立于清光绪二十八年（1902），由清末文学家、教育家吴汝纶先生创建。

吴汝纶在就任京师大学堂总教习期间，赴日全面考察西方教育，回国后，在家乡创办了这所安徽省最早的新式教育中学堂。学堂除开放传统的经学课程之外，积极开设数理科学、博物、中外地理、美育、体育、实学等课程，培养中国社会近代化所需要的人才，以求实现强智富民、救亡图存的目标。吴汝纶为学校题写校训“勉成国器”，亲撰楹联“后十百年人才奋兴胚胎于此，合东西国学问精粹陶冶而成”，作为对后世学子的谆谆勉励。

学校经历了晚清、民国、新中国三个历史时期，在近代中国的风云激荡中，弦歌不辍，走过了一条漫漫长途。创办之初，学校选派优秀学生远渡重洋，学习科技；大革命时期，呼应五四运动，声援社会正义，反击县议会贿选；在抗日烽火中，坚持山区办学，开展民众教育，学生参加学兵队勇赴战场；新中国成立初期，在开展生产劳动的同时，大兴文化学习之风，开创独特的教育方式；改革开放后，高举“向科学进军”的旗帜，发扬“煤油灯”精神，创造高考升学的巅峰成就；进入新时代以来，采取开放办学的方式，引入高端资源，开展精英、领军人才教育，积极培养创造性、智慧型人才。

桐城中学半山阁

1958 年，学校被评定为首批安徽省重点中学之一；1960 年参加全国文教群英会，获“教育先进单位”锦旗；1999 年被确立为安徽省示范性普通高级中学。2022 年，校训“勉成国器”邮票雕刻版搭载神舟十四号飞船入驻“天宫”；2023 年，“天宫课堂”在梦天实验舱授课，桐城中学成为全国五个地面课堂之一。学校被北京大学、中国科学技术大学、国防科技大学等高校授牌为“人才共育基地”“优质生源基地”。一批批城乡少年从这里走出，成长为军、政、商、工及文艺、科技、国防等领域的尖端人才，在共和国建立及国家的建设发展中发挥着巨大作用。目前，桐城中学校友中已诞生十多位院士，有朱光潜、孙德和、慈云桂、陆大道、杨善林、程和平、方复全、彭寿、段路明等。朱光潜等校友向学校赠锦旗“人才的摇篮”。

桐城中学坐落在桐城老城区北门关，其旧址为明清时期的老县衙，园内清溪贯流。吴汝纶爱其风景，临流建校。孙闻园主掌学校时，募集资金，在县衙废墟上扩建园林，引溪作池，堆土成山，凿石为屿，又刻石立柱，修建亭台，广植花木，以为师生陶冶身心之所。现在，徜徉校园之内，则见高树垂荫，花木丛蔚，轻波溶漾，碑石林立，更有先贤遗迹点缀其间，满眼锦绣，校园风貌殊为独绝。

（汪文涛　撰）

# 凤鸣高岗话天城

“皖水桐山，钟灵毓秀；春风化雨，由义居仁”。这是题写于清代天城书院院门处的一副楹联。书院创办于清道光六年（1826），由西乡名士刘存庄、潘楫等募资兴建。书院坐落在今天的双港镇镇区一大丘墩上，方圆二百余亩，四面围以土墙，墙外环以水濠。

双港镇向为鱼米之乡，境内有大沙河、挂车河自西向东穿流而过，曾经的河水泛滥，冲积出百里长川，东南则有菜子湖，烟波浩渺，漫荡无垠。这方土丘矗立其间，集川野之秀，纳天地之精，自有钟灵毓秀之气。据传先秦时代曾有王侯幽居在此，凤凰时来，声闻在川。刘存庄卜此而建书院，传播教音，以义理仁德感育人心，实不负山川之灵。书院开启桐城西乡人文大兴之风，乡间生童皆知向学，英才杰士随之拔节而出，代有其人。咸丰年间（1851—1861），太平军占领桐城后，书院被废。

光绪三十二年（1906），本邑名儒阮强与其师秦汝楫复于此倡办公立天城两等小学堂，推行新式教育，民国初，改称县立第五高等小学。1943 年，校园遭日寇炮击，又被焚毁。抗战结束后，西乡贤达抱定兴教之志，“痛念前辈缔造之艰辛，亦觉未来复兴之匪易”，邀集乡

天城中学

贤百余人，决议筹设私立天城初级中学，以承先启后，重振西乡文教之风。汪少伦、姚汴侯、孙闻园先后任董事长，县参议院副议长张护棠亲掌校务。新中国成立以来，又屡经兴革，先后改制为桐城县第二初级中学、桐城县天城初级中学、桐城县天城高级中学，并被确立为安庆地区重点中学，2002年，跻身“安徽省示范高中”行列。数百年内，天城中学薪火传承，砥砺不息，终至壮大，卓然成为域内名校，蜚声皖省西南。西乡学子因之撒播五洲，名动神州者不可胜举。

天城一墩，表出于川泽之上，水月氤氲，风烟环集，自明弘治二年（1489）立社学、建文昌阁以来，数百年兴废更替间，自是得山川英灵所佑。本邑名宦姚莹曾言：地气、世运不能有盛而无衰，唯豪杰之士可振起之。其文风之炽烈，实亦有赖豪杰之士坚忍执着之志，能使屡屡奋起，愈挫愈兴。由是西乡贤俊，多出于斯。其显者，有辛亥功臣潘赞化，民国议员汪少伦，教育名家桂丹华，党政要人储波，经济学家彭文生，科技名家程备久、吕昭平等。一乡僻壤，蒙其教泽深长绵久。

（汪文涛　撰）

# 百炼成钢的桐城师专

桐城师范高等专科学校脱胎于桐城中学堂。清光绪三十年（1904），清政府颁布《奏定学堂章程》，允开师范教育，桐城中学堂从在读学生中抽选20人成立师范班，并选派房秩五等六人赴日学习速成师范，自此开启安徽近代师范教育之先河。首批师范生于光绪三十二年毕业，该年桐城公、私小学堂迅速扩至10余所。

近代，因国运动荡，教育政令频出，桐城的师范教育时起时落，但依旧坚卓推进，由师范班而至师范科、师范部，至1944年秋，独立筹建桐城县简易师范学校，以应战后教育恢复之需。学校几易其址，

桐城师范高等专科学校大门

艰苦求存，不数年又遭解散。1951 年，学校再图复建。师生筚路蓝缕，辛苦备尝，于羊子巷一处残垣瓦砾中修成教室五间，及一应办公、生活用房和运动场地，亲手制作教学用具。经不断建设，校园日臻完善，规模渐大，并附设实验小学、幼儿园，一时名师汇集，教育、生产、管理渐见成效。1957 年，学校更名为安徽省桐城师范学校，实施中等师范教育，开启桐城师范教育新篇章。1963 年，学校奉令停办。

1970 年，桐城县开办“五·七”大学，定址于县城西门外三里街荒岗农田中，开山辟坡，拓展校园，渐具规模。1981 年，撤销“五·七”大学，批准启用“安徽省桐城县师范学校”名称，自此学校走上了一条持续发展的道路。因其办学质量显著，在后来师范学校“停、转、并”的布局调整中得以保存，并于 2010 年 5 月升格为桐城师范高等专科学校。2021 年，学校整体搬迁至东部新城，以“秀水泮宫，百年学府”为定位建设现代大学校园，自此开启坦途大道，创造了桐城教育的全新格局。

学校按现代专业标准分类招生，形成以师范专业为主体，与电子信息类、旅游类、财经类、艺术设计类专业融合发展的职业培养体系，拥有多学科、多门类学历认证和职业技能等级认证资质；大举引进高层次人才，发展学术力量，打造精品、特色课程，科研成果日益丰硕，多项教育项目被推选为省级质量工程，成为安徽省高水平专业群建设单位；建立起现代大学管理体制，学生培养体系完善，招生规模渐趋扩大，生源涵盖省内外；毕业生充分适应社会需求，其中涌现出众多创业有成、岗位建功者。

历年来，学校以桐城派与桐城文化研究为方向，积极打造学术研究品牌。2006 年成立桐城派研究室，进而与安徽省桐城派研究会合作，成立桐城派研究中心。2009 年起，承办多届“全国桐城派学术研讨会”，并举办桐城派国际学术研讨会、青年学者学术论坛，成为全国桐城派学术交流的重要基地。当前，学校正在探索开展国际协作，与俄罗斯、哈萨克斯坦的高校签订一系列联合培养协议，进行多领域的合作交流。

（汪文涛　撰）

# 桐城早期的留学热潮

清同治十一年（1872），清政府派出首批幼童赴美国留学，揭开中国留学教育的序幕，在此后的留学风潮中，活跃着桐城学子的身影。及至民国时期，仍有不少桐城人通过各种方式和途径出国深造。他们学成归国后，大多从事文化教育事业，或投身于经济建设和民族解放斗争，在各自领域作出了较大贡献。

甲午战争后，东渡日本寻求强国良策形成热潮。清光绪二十二年（1896），向日本派遣第一批留学生。光绪二十七年，吴汝纶先生的儿子吴闿生即由保定莲池书院选派赴日留学。第二年，安徽首批官派方时简、潘赞化等学生留学日本，二人皆为桐城籍。更大规模的桐城学子留学日本，得益于桐城公立中学堂的推动。光绪三十年，该校遴选房秩五、吴良驹、孙允珩、史浩然、苏荫伯、张基生等赴日本学习速成师范，每人给予学堂补助津贴，此举开创桐城县公派留学生之先河。次年，学堂又选派并资助马光祖、张珽、汪仁晖、陈树藩、黄位堃、方体华、吴宣纶、胡渭北、周大寿、施普等10人赴日本留学，要求他们学成后回本校任教。其后，学堂又分两次选派孙吴（又名孙闻园）、杨正、朱卓英、尹寿松（字秀峰）等人赴日学习理化、铁道工程等。这一时期通过官费、私费和其他渠道留学日本的还有张家骝、潘缙华、姚永概、张瑞麟、方孝旭、史化成、张家翰、光晟、张望之、许轩堂、张国乔等人，他们回国后均成为各方面的专门人才。桐城派名家姚永朴二子姚焕、姚昂于光绪末年均赴日本早稻田大学等校学习，回国后曾分别担任北京法政学校教习、审计院核算官。可惜天妒英才，二人于宣统二年（1910）相继去世。姚永朴有诗叹息：“膝前有两子，无令效我痴。驱之游域外，遍探海山奇。学成返故国，跨灶庶可期。岂意同岁陨，惨若春花萎。痛深默自检，内行良多亏。”

民国时期，桐城人留学日本居多，其中知名者有童长荣、方孝岳、唐哲明、史逸、史风正、方仲斐、史迁、史尚宽、胡克明、汪少伦、杨相琰、张九皋等。1919 年 3 月到 1920 年 12 月，安徽派出 6 批青年学子赴法国勤工俭学，其中包括桐城尹宽、尹德满、朱伯麟、章伯滔、周邦彦、季子咸等人。20 世纪 20 年代至新中国成立前，桐城学子留学美国的有李相勖、方东美、朱子清、汪世铭、姚松龄、疏松桂、史允中等，而方令孺为桐城第一位女留学生；留学德国的有章伯钧、房师亮、桂丹华、汪少伦、孙德和等；留学英国的有朱光潜、孙祥钟、姚农卿等；留学比利时的有范任等。有些人还有留学多国的经历。留学期间，不少人由于缺少经费支持，处境较为艰难，但他们始终怀着拳拳报国之心，发愤学习，勇猛精进，回国后在政治、经济、科学、文化、教育等领域卓有建树，名载史册。

（方宁胜　撰）

# 倾情办学的桐城女杰

桐城素重女子教育，其品节操守、诗书才艺，史书中多有记述。

如方大镇之女方维仪，博学高才，与一众女史结社于清芬阁，吟诗作赋，且编撰成集，又辑录古今女子诗词成《宫闺诗史》，辨正邪之别，以明诗歌正旨，人比之为东汉班昭。随着社会开禁，女子有了更多的机会走出闺门，施展才学。如方守敦之女方令孺远赴美国留学，归国后成为早期极少数女教授之一；谭平山之妻孙荪荃曾任北平市第一女子中学校长、国务院参事；翻译家范任之妻孙其节任安徽第一女子师范学校校长等。

这些人最初参与社会活动，多在教育领域，从教或办学，其中最著名的当推姚倚云、吴芝瑛。姚倚云出身文学世家，自幼得父兄熏陶，诗才隽秀。吴汝纶即以其诗为媒，作合她与江苏才子范当世的姻缘，夫妻结为诗友，相互酬唱，成为文林佳话。姚倚云积极支持丈夫兴办教育、推进社会变革的主张。光绪三十二年（1906），清末状元、实业家张謇创办通州女子师范学校，姚倚云慨然出任校长，前后达20年。次年清廷方颁布《奏定女子师范学堂章程》。姚倚云苦心经营，使学校发展形成了以女子师范为主干，附设小学、幼稚园和女红传习所、职工传习所的综合性教育体系。

吴芝瑛，吴汝纶侄女，其父吴康之历任山东多地知县。吴芝瑛幼承家学，工于诗文、书法。后嫁给无锡文士廉泉，廉泉任户部郎中时，她随夫移居北京，与女侠秋瑾为邻。因同是意气慷慨之人，两人义结金兰。她资助秋瑾赴日留学，助其创办《中国女报》。光绪三十三年，秋瑾在绍兴被害，吴芝瑛不顾风险，葬秋瑾遗体于杭州西泠桥畔。

初嫁廉泉时，无锡创办竞志女学，她将私宅让给女学作校舍。又与廉泉创办文明书局，编印新式学堂教科书，出版文学艺术译著。吴康之无子，只一女，临终前嘱咐家人将田产捐出办学校，以教化乡民。母亲去世后，光绪三十四年，吴芝瑛将鞠隐山庄及数百亩田捐出，兴办鞠隐学堂。家族子弟觊觎其家产，买通官府，不予下发办学批文。吴芝瑛坚强不屈，直接陈情两江总督端方。后允由桐城学堂附办，次年方独立创建。

鞠隐学堂坐落在枞阳浮山，由鞠隐山庄改建而来。据经历者回忆，学堂建筑是三进的庭院，坐东朝西。一、二进大门两边各一间教室，二进的正堂墙壁上悬有吴芝瑛亲笔书写的牌匾“鞠隐学堂”，并书楹联“盆栽野插皆花朵；顶日傲雪尽栋梁”。三进是二层板楼，为师生宿舍。其后是大操场，南北各有一间教室。前后庭院中栽有芭蕉、月季及金银花、桂花树等。这是当地兴办的第二所新式教育小学堂。

（汪文涛　撰）

## 抗日烽火中的省立二临中

“济济多士，为国菁英。起舞栲栳峰下，弦诵三道河滨。礼义廉耻为校训，艰苦卓绝为精神。文武合一，术德兼修，抗战必胜，建国必成。八皖复兴，吾侪责任；中华复兴，吾侪责任”。这是由方林辰创作的安徽省立第二临时中学（简称“省立二临中”）校歌歌词。

1937 年全面抗战爆发后，安徽大部分地区相继沦陷，不少学校被迫停办，于是政府选择相对安全的山区，成立 13 所临时中学。省立安庆高中与其他学校合并组建的安徽省第二临时中学，校址在桐城黄甲铺，由教育家孙闻园任校长，于 1939 年春开学。学校高中部设在吴氏宗祠，初中部设在方氏宗祠，师范、职业部设在三道河。周边山环水绕，景色秀美，诚为难得的读书胜地。

学校招收学生 1 000 余名，办学经费由省政府安排，对于家境贫寒、家长失业、抗战殉难人员及下级军官子女等类学生，学杂费减免或全免。学校施行《安徽省临时中学课程纲要》，对学生进行学科、精神、体格、生产劳动、特殊教学与战时后方服务等方面的训练，开设公民、国文、算学、历史、地理、自然、英语、体育、童军训练、音乐、图画、特殊教育、劳作等课程。学校聘请的教师，多半是国立名牌大学本科毕业生或留学生，其中有苏艺叔、方林辰、方孝旭、吴逸生、吴劲、方来桐、马厚文、姚沛生等名师。其时，学校学习生活条件艰苦，没有像样的教室、课桌、教学仪器，没有足够的教学参考书，教师上课多使用油印的讲义。学生们睡地铺，吃稀饭；白天课程结束，晚上几个人围着一盏小油灯，自修两小时。学校教学成绩一直位居同类学校前列，学生多考入安徽学院或大后方的大学就读。

除正常上课外，师生们还成立歌咏队、话剧团、标语宣传队等，开展抗日宣传。中共地下党员叶桐芬曾任学校女生指导员兼音乐、体育教员，她从学生中发展中共党员 20 余人，组建了第一个“二临中党支部”，秘密组织学生去庐江东汤池江北游击队教导队学习。省立二临中因此成为皖西南地区红色种子的摇篮，郑兰荪、王寿海、程佟、吴迦陵、李思恒等一大批进步学生从这里走上革命道路。1943 年夏，方祁德、舒庚谟、程久玲、程如琢（时任校长程勉的女儿）四名女生和姚琦、姚瑜两位革命女青年，从国民党反动派眼皮底下神不知鬼不觉地投奔新四军，成为轰动一时的新闻。

在孙闻园、陈介孚、王仁峰、程勉等历任校长的主持下，省立二临中度过七年艰难时光，在抗战胜利的凯歌声中，从桐城黄甲铺迁回安庆，恢复校名“安庆高中”，开启了新的办学历程。

（方宁胜　撰）

# “院士之乡”是桐城

“院士”是我国设立的科学技术方面的最高学术称号，一般为终身荣誉，具体是指中国科学院院士、中国工程院院士。自院士评选制度产生以来，至2023年，桐城一邑院士人数将近20人，而被誉为“院士之乡”。

在中国科学院院士中，桐城籍的有冶金学家孙德和、“中国巨型计算机之父”慈云桂、物理学家吴杭生、经济地理学家陆大道、化学家吴奇、细胞生物学家程和平、数学家方复全、物理海洋学家吴立新、物理学家段路明等；在中国工程院院士中，桐城籍的有大地测量学家宁津生、无机化学家徐南平、玻璃新材料技术专家彭寿、炸药与爆破技术专家汪旭光、海洋水声环境工程专家笪良龙等。此外，从桐城中学毕业的管理科学与信息系统工程专家杨善林，也是中国工程院院士。

这些院士具有以下几方面特点：一是所从事的研究工作与国计民生密切相关，有的涉及国家安全等尖端前沿领域；二是学历层次高，大多毕业于名校，有的还有留学深造经历；三是专业学科的开拓者、奠基人、带头人多，社会声望、管理水平和学术地位较高；四是取得重大成果时的年纪轻，获奖次数多、层级高、传承性强。其中彭寿、程和平、段路明、方复全、徐南平、吴立新、笪良龙等中青年科学家，分别从桐城中学、大关高中、青草高中、桐城二中等学校毕业，彰显了当代桐城基础教育的底蕴与实力。

桐城籍院士具有不畏艰难的刻苦精神和矢志报国的坚定信念。孙德和在抗战时期留学德国，经济拮据，生活困难。尽管如此，他依然发愤学习，拿到博士学位，并获得“博尔歇斯奖牌”。笪良龙高中毕业到潜艇部队服役，怀着“开着潜艇巡游大洋”的梦想，勤奋自学，以全军第一的成绩考入潜艇学院，其后继续深造，投身科研，潜心拼搏三十载，攻克了一系列难题，推动我国军事海洋学研究勇攀高峰。段路明 29 岁成为中国科学技术大学博士生导师，之后去美国任教，35 岁获美国密歇根大学终身教职，成为世界级科学家。在事业如日中天之际，他响应祖国召唤，毅然回到清华大学任教，带领自己的科研团队在量子领域奋力开拓，取得举世瞩目的成就。

桐城作为一个县级市，数十年间能够贡献如此多的两院院士，这在全国都是不多见的。究其原因，根本在于这里有尊师重教的优良传统和崇尚科学的创新精神。

（方宁胜　撰）

# 文艺画廊

# 桐城文庙

桐城文庙位于市民广场北端，始建于元延祐年间（1314—1320），元末毁于兵燹，明洪武初迁建于今址，是明清以来地方祭祀孔子的礼制性建筑群。文庙建筑以御道为中轴线，有门楼、棂星门、泮池、泮桥、大成门、文昌祠、土神祠、月台、大成殿等建筑。大成门将文庙分为前后院落，院落东西对称布局两厢、两庑，规整有序。

文庙门楼为三开间亭阁式建筑，门楣上悬挂着赵朴初手书“文庙”匾额。门楼东西两侧砌朱色宫墙，嵌有“宫墙万仞”四字。棂星门为四柱三开间汉白玉冲天石坊，柱头有云纹等纹饰，横梁上镌楷书阳文“棂星门”。泮池为青砖平砌半月形，围以石雕栏柱。泮桥为青砖拱砌，横架池上，两边有石雕扶栏。大成门为木结构抬梁式建筑，三开间，东、西面为砖墙，南、北面设宽阔走廊，沿屋脊下方正中置三道对开大门，中门正上方悬“大成门”匾额，下方一对汉白玉石狮雄踞两侧。文昌祠、土神祠分置于大成门东西两侧，为木结构抬梁式建筑，均三开间。月台前沿正中设汉白玉石浮雕双龙戏珠陛。大成殿是一座以斗拱为梁柱结点的木构架抬梁大殿式建筑，面阔五间，进深三间，重檐歇山顶。屋顶铺青灰小瓦和筒瓦，正脊两端作鳌鱼吻，戗脊装套兽，檐口列圆形兽面瓦当。飞檐翘角，悬铎风响。殿内方砖墁地，平底天花，中心设方形藻井，平涂朱色。1986年，著名古建筑专家罗哲文、单士元、郑孝燮、张驭寰等先后考察桐城文庙，对大成殿建筑大加赞赏，认为具有辽金遗风，称其为“美的旋律”。

桐城文庙规模宏大，庄重典雅，是江淮之间保存最为完整的孔庙建筑群，是桐城文化的标志性建筑。清道光《桐城续修县志》“圣庙学舍图”记载，明清时期，文庙和儒学学宫及县学衙署连在一起，除现有规模之外，还有明伦堂、教谕署等建筑，“庙学合一”。桐城文庙作为教化学子的学宫，培育了方以智、钱澄之等学林泰斗，孕育了戴名世、刘大櫆、姚鼐等桐城派宗师，走出了左光斗、张英、张廷玉等循吏名宦。以致桐城有“五里三进士，隔河两状元”“父子双宰相”“一门三总督”和“冠盖满京华，文章甲天下”的荣耀。

桐城文庙门楼

桐城文庙屡经战乱兵燹，迭有废兴。20 世纪 80 年代，国家拨专款对文庙进行了全面修复，并辟为桐城市博物馆。20 世纪末，复原了大成殿内孔子等一圣四公十二哲大型泥彩塑像。2013 年，国务院核定公布桐城文庙为第七批全国重点文物保护单位。

（叶　鑫　撰）

# 自成一派始逼真

桐城有文派、诗派，但不为大多数人所知的是，桐城还有学派。桐城学派发始于晚明，正式形成于清代。清代的主流学术有宋学与汉学。其中，代表宋学的主要是桐城学派。也可以说，桐城学派的主要内容就是宋学。

宋学的主体是理学和心学。桐城学派的宋学渊源，远承两宋，近起于明代的方学渐。方学渐在哲学史上属于王学左派，王学属于宋学中的心学。但王学的代表人物王阳明与一般空疏的心学家不同，他以功业著称，故方学渐亦不薄事功。这与王学末流之空疏放荡者，自然不同。其子大镇、孙孔炤、曾孙以智皆能传其学，并加以发扬光大。入清后，桐城学派的核心内容由宋学中的心学转为宋学中的程朱理学，代表人物为方苞。方苞虽自言“学行继程朱之后”，然治学之旨仍在于实用，故精研礼兵农，关注民生利病，这就打通了理学与心学之间的关系，可说在根本点上同方学渐、方以智等人并无二致。接下来刘大櫆的思想尤近王学中的“泰州学派”，几欲冲决网罗；姚鼐亦未尝忘世。他们具体的主张虽不尽相同，但都关心国计民生，重视践履，有以自立，这与传统理学家的“迂阔空谈”也是大不一样的。

桐城学派虽以宋学为帜志，却又具有极大的包容性。对于并时的汉学，它并不是绝对的排斥，而是在宋学中恰当地融进了汉学中的考据，其中成就最大者为方以智。方以智对名物训诂的考证，开一代风

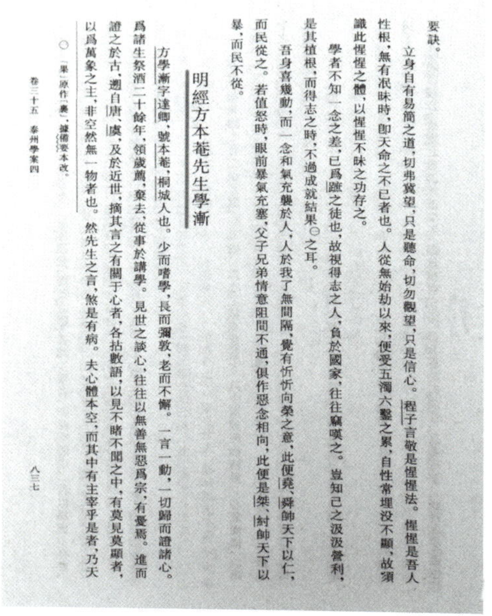

要訣。

立身自有易簡之道，切弗冀望，只是聽命，切勿觀望，只是信心。程子言敬是惺惺法。惺惺是吾人性根，無有泯昧時，即天命之不已者也。人從無始劫以來，便受五濁六鑿之累，自性常埋没不顯，故須識此惺惺之體，以惺惺不昧之功存之。

學者不知一念之差，已爲蹠之徒也，故視得志之人，負於國家，往往竊嘆之。豈知己之汲汲營利，是其植根，而得志之時，不過成就結果〔一〕之耳。

吾身喜幾動，而一念和氣充襲於人，人於我了無間隔，覺有忻忻向桑之意，此便堯、舜帥天下以仁，而民從之。若值怒時，眼前暴氣充塞，父子兄弟情意阻間不通，俱作惡念相向，此便是桀、紂帥天下以暴，而民不從。

明經方本菴先生學漸

方學漸字達卿，號本菴，桐城人也。少而嗜學，長而彌敦，老而不懈。一言一動，一切歸而證諸心。爲諸生祭酒二十餘年，領歲薦，棄去，從事於講學。見世之談心，往往以無善無惡爲宗，有憂焉。進而證之於古，遡自唐、虞，及於近世，摘其言之有關于心者，各拈數語，以見不睹不聞之中，有莫見莫顯者，以爲萬象之主，非空然無一物者也。然先生之言，煞是有病。夫心體本空，而其中有主宰乎是者，乃天

〔一〕「果」原作「裹」，據備要本改。

卷三十五　泰州學案四　八三七

《明儒学案》书影

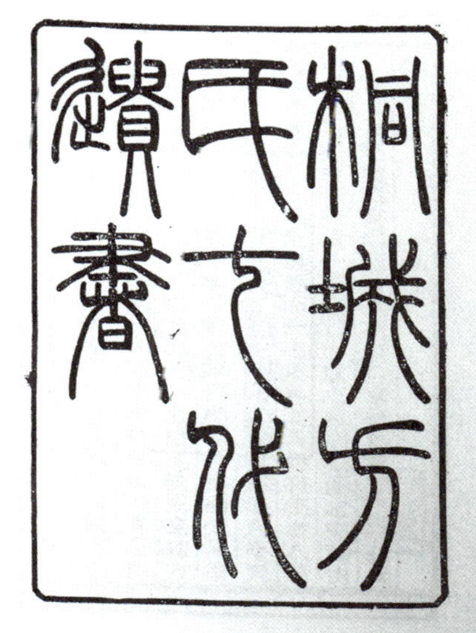

桐城方氏七代遺書

《桐城方氏七代遗书》书影

气，对清代汉学影响极大。后来的钱澄之、方苞、刘大櫆、姚范、胡宗绪、姚鼐、马瑞辰、萧穆于考据亦各有成就，影响直逼主流汉学。但桐城学派的汉学同主流汉学又有明显的区别，它只以考据为手段，扫尽枝叶，绝不流于主流汉学玩物丧志式的烦琐主义。

桐城学派亦能与时俱进，在理学之外，不断地融进新知。理学家是强调“内圣外王”的，到了近代，在内忧外患的压力下，桐城学派的“外王”，更多地表现为开眼看世界，接受先进的西学，以迎接各种挑战。如在鸦片战争“师夷长技以制夷”的思潮中，姚莹即同林则徐一起，成为其中的代表人物。又如吴汝纶、方守敦、姚永概、李光炯等人，致力新式教育，培养人才，以谋求富强之道。凡此均说明桐城学派能因应潮流，并不落伍于时代。

近百年来，对桐城学派所提倡的理学颇多诟病，难免过甚其辞。实际上，桐城理学在提升人的精神境界、增强人的社会责任感、优化社会风气方面，均发挥过巨大的作用。鉴于此，我们今天对桐城学派、

桐城理学所采取的正确态度，仍应该是“取其精华，去其糟粕”。

（汪茂荣　撰）

# 天下高文归一县

桐城文派是清代最大的一个散文流派。其规模之大、时间之长、作家之多，为中国文学史所仅见，以至时人由衷地赞叹道：“天下文章，其出于桐城乎！”

桐城文派创立于清代，并不是偶然的。它既有历史上的、现实上的原因，也有地理上的、职业上的原因。在这一创立过程中，有四个人物最为重要。其中，戴名世是奠基者，他提出的很多文学理论对方苞都有影响；方苞是创立者，他以系统的“义法”理论和创作实绩正式开创了桐城派；而刘大櫆既是方苞的学生，又是姚鼐的老师，这样在桐城派的创立过程中，他就起到了承上启下的关键作用；姚鼐则是桐城文派的集大成者，经过他的努力，桐城派从文论到创作都已高度成熟。鉴于此，有人将他们称之为桐城文派的“四祖”，还是有相当道理的。

桐城文派最主要的理论就是方苞所提出的“义法”说，该派大量的后续理论皆是在这一理论基础上滋生发展，而形成为一整套完整体系的。所谓“义”，就是为文要求内容充实，使文之思想不背于理；所谓“法”，即是行文要有条理、技巧，使文之形式不背于度。为了将“义法”在作文中落到实处，桐城文派作家摸索、总结了一套行之有效的学文、作文方法，这就是“桐城家法”。主要有：精选古文教材，如《古文辞类纂》；重视评点之学；重视文章的诵读；重视由模仿而入；

重视语言的雅洁等等。通过这套“家法”，力求使学文者“有所法而后能”，并进而上升为“有所变而后大”。由于有如此正确简便的途径可循，故从者如云，好评如潮，从而给桐城文派造成了巨大的声势。

与其他各派相比，桐城文派作家所写散文亦具有一些很明显的特色。他们长于写“小文章”，尤为注意语言的清真雅洁，在方苞等人的努力下，将传统文言中的佶屈聱牙的纯地域性、纯时代性的“杂质”清理殆尽，故文从字顺，具有一种历时性、普适性。同时在行文中强调合理取材，妙用结构，讲究穿插跌宕，以丰富文章层次，充实文章内容，来彰显文章的神韵。

《古义辞类纂》书影

桐城文派对后世文学的影响是巨大的。主要表现在：一是在它的推动下，先后产生了阳湖、湘乡两个散文支派；二是对散文语言的清理纯化，为文言文向白话文过渡做了大量的基础工作。这一点，章太炎看得最清楚，曾说：“桐城派是高等白话文。”可谓确评，最能道出桐城派散文与白话文之间一脉相承的关系。

（汪茂荣　撰）

# 论诗转贵桐城派

桐城有文派，亦有诗派。桐城诗派产生的时间，大约是在清代中期以后。

在桐城诗派的创立过程中，有三个人物最为重要。一是姚范。姚范是桐城诗派的开山鼻祖，桐城诗派的诸多“家法”都是由他发端的。二是姚鼐。姚鼐是桐城诗派的集大成者。他继承了姚范的诗学理论，并进一步加以完善。同时他还独具只眼，为诗派确立了一整套的学诗方法论。兼之年逾不惑，即辞官传道授业，培养了众多的人才，造成了巨大的声势，成为桐城诗派实至名归的广大教化主。三是方东树。方东树撰写了一部诗学名著《昭昧詹言》，对桐城诗法做了全面的普及工作。金针度世，沾溉极广，由此而成为扩大桐城诗派影响的一大功臣。

《桐旧集》书影

《惜抱轩诗集训纂》书影

桐城诗派自创立以后，即逐渐形成并完善了自己一整套的理论体系。其中最重要的有两条：一是“熔铸唐宋，由摹拟以成真诣”。这条主要是针对其时诗坛的现状而提出来的。自明代至清初，主流的诗风都以学唐为主，由此造成肤廓空洞、了无生气的伪体的流行。鉴于此，桐城诗派主张熔铸唐宋，通过唐宋互补，将宋诗的筋骨思理同唐诗的丰神情韵结合在一起，由“有所法而后能”，进一步上升为“有所变而后大”，以成就桐城一家之诗。二是主张“以古文义法通之于诗”，拓展以文为诗的风气。这条主要是针对其本身的特点而提出来的。因为桐城诗家亦多是古文家，他们论文皆重“义法”，以古文义法通之于诗，是他们的看家本领。何谓“以古文义法通之于诗”呢？即作诗时要合理取材，妙用结构，将古文之穿插跌宕用于诗中，以造成层次的丰富与内容的充实。

桐城诗派自开派以后，即开疆拓土，形成了一波澜壮阔的创作历程。这一历程可分成三个时期：一是前期。这一时期大致以开派前后时间为断，代表人物为姚范、刘大櫆、姚鼐。二是中期。中期发始于姚门四杰，而下延至晚清。这一时期时间长、名家多，举其声誉卓著者，有梅曾亮、姚莹、方东树、姚濬昌等人。三是后期。时间是从清末民初至当代。这一时期，新诗骤兴，桐城诗派亦同其他旧的文学形式一样，受到致命的冲击。但仍有人流连忘返，乐此不疲，在一定的圈子里仍然产生了一些名家。代表人物如方守彝、方守敦、姚永概、潘田、吴孟复等，皆卓有成就。

桐城诗派对近代诗坛所产生的最大影响，是孕育了宋诗派的诞生。可以说，没有桐城诗派的导引，也就没有宋诗派尤其是“同光体”的产生。

（汪茂荣　撰）

# 丹青点染出微茫

桐城自古不但多显宦、文人，也多画家。最早的、知名度最高的画家，当为有“北宋第一”之称的大画家李公麟。北宋以降，桐城出画家最多的应为清代，仅姚翁望《安徽画家汇编》列出的桐城籍画家就多达 140 余人。故 20 世纪 80 年代末，学术界就有一种观点，认为桐城亦有画派。画既成派，则必有显明的特点。这主要表现在：

其一，与桐城画派同时的新安画派、姑孰画派及黄山画派，多以遗民和在野画家为主体，风格清隽冷逸。而桐城画派画家则以显宦为主，大多遵循正统画家的路数，风格春容大雅。

其二，桐城画派画家多以家族方式传承画艺，故画家大多集中在一些大家族中。其中，以张、方、姚三大家族为最多，吴氏、程氏家族次之。

其三，桐城画派以花鸟画创作成就最高。清早期桐城画家多擅山水，如方以智、祝昌、姚文燮、方亨咸均以山水享誉画坛。中后期则转向花鸟，代表性的画家如张若霭、张若澄、张敔、张乃轩、张乃耆、姚元之、阙岚、龙汝言，均是以各自在花鸟画上的成就而载入史册的。

其四，桐城画派的画家多长于诗文，故意境优美，画格甚高。

其五，桐城画派中多女画家，且成就显著，如明清之交的方维仪，人物画的造诣就很高；晚清的吴芝瑛能诗善书，画亦有风致。

下面重点介绍几位代表性的桐城籍画家：

李公麟（1049—1106），字伯时，号龙眠居士，画家，进士，官至朝奉郎。擅画人物、佛道像，吸取历代流派之长，自创一格，多用线描，笔法如行云流水，而不设色，生动地表现了对象的神情意态，人称“白描”。尤精画鞍马，下笔形神兼备。亦工山水，曾作《龙眠山庄图》，人比之王维《辋川图》。

方亨咸（1620—1679），字吉偶，号邵村。清顺治进士，官御史。山水、花鸟、人物皆能。山水取法宋元，体势雄健，笔墨华滋丰沛，善设色，画境风姿绰约。故宫博物院收藏其作品甚多。

张若霭（1713—1746），字景采，号晴岚。清雍正进士，官至礼部侍郎。擅画，工山水、花鸟，其小写意花鸟受同朝大学士蒋廷锡影响，深得明勾花点叶派周之冕以及孙克弘画法三昧，曾名重内府。

姚元之（1776—1852），字伯昂，号廌青，又自称竹叶亭生。清嘉庆进士，由编修官至左都御史。工书善画，尤善画花卉，或设色或水墨，受恽寿平、华嵒影响很大，又极重写生，故画作多具生机。

（汪茂荣　撰）

# 桐城望族家训的时代价值

桐城人历来崇文重教，以儒家思想作为立身的重要准则。百姓人家子弟除在庠序（学校）中接受系统的明德教育外，谱牒中的“家训”也是其人格修养的通俗教材。

综览桐城众多家训，皆言简意赅，立意高尚，这些家训对于乡里淳风俗、树门风起到重要作用，以清河张氏为代表的一批世家大族家训尤为突出。

绘画《一路（鹭）清廉（莲）》

绘画《清白传家》

清河张氏以先祖张英《聪训斋语》、张廷玉《澄怀园语》为家训。“父子家训”堪称中国古代家训中的双璧，其道德内涵与文学价值，同中国古代《颜氏家训》《朱子家训》《范文正公家训》等一脉相承。

张英《聪训斋语》旨远词醇，内容丰富，书中提出子孙成立，贵在养成读书、养性、节俭、择友等方面的良好品行。在诸多训条中，“礼让”一则最为闪光。张英位极人臣，有“古大臣风”，但他立身谦卑，为官谨慎，终身恪守古贤礼让的做人原则。他在家训中特别推重古人“为让”的高行，并身体力行，处处谦和，彰显君子风概。可以说，“让”是《聪训斋语》中最闪光的思想。

张廷玉历事康雍乾三朝，国之宗臣，但他一生保持律己以廉的信条。《澄怀园语》多处提到“廉”，如“公正自守”“为官第一要廉”，认为“居官清廉乃分内事”。张氏一门世代恪守清廉，故而明清数百年间先后有七百余人为官，无一人因贪腐而影响名节；即使子孙身居里巷，仍能淡泊自持。

父子家训中的“让”与“廉”是中华优秀传统文化中的道德精髓，其中蕴含着几千年中国人欲求明德修身的崇高理想。“礼让”与“廉洁”体现古代君子风范，是人人崇仰的道德标杆。时至今日，这一古老的道德内涵仍然具有时代价值。

与清河张氏并世繁盛的桐城望族桂林方氏、麻溪姚氏、吴氏及左氏、马氏等皆以诗礼传家，簪缨累世，在家族发展的过程中各自形成良好的家风家训。桂林方氏不仅有家政、族规让族人共同遵守，还有族中如方苞、方观承等数位名人为子孙专门撰写的家训，为后世所效法。麻溪姚氏要求“秀者日事诗书，朴者各安陇亩，则在一乡成贤子弟，在一乡成良士民”。麻溪吴氏有“才不可无德，德可以兼才”的警训，可见即使望族高门也要明德守德。桐城木山潘氏、封门塥·张字嘴汪氏以及叶家河叶氏等家族，以“敦诗礼”“勤耕读”的训则树立家风，代表了众多家族追求门第清华的共同理想。

家训是中华优秀传统文化的重要组成部分，将家训内容推陈出新，进行创造性转化和创新性发展，能使其中的道德内涵与社会主义核心价值观完全契合。家训所倡导的中国传统美德赓传不绝，历久弥新，桐城望族家训莫不如是。

（李国春　撰）

# 黄镇与《长征画集》

黄镇是著名的将军大使、艺术家、杰出的外交家。清宣统元年（1909）出生于桐城，自幼聪颖好学，酷爱绘画，上山放牛，则用树枝在地上画山水、牛羊等。1921 年考取桐城中学，课余在寝室墙壁上贴满了“喜鹊登梅”画稿。1925 年以优异的成绩考入上海美术专科学校，

《长征画集》书影

后来转入上海新华艺术大学。1931 年，黄镇参加了宁都暴动，任中国工农红军第五军团宣传干事，兼任“猛进剧社”社长，从此走上了革命道路。

1934 年，黄镇随军长征。在长征的艰苦行程中，他除了参加战斗，开展战地宣传工作之外，还用画笔记录了许多难忘的场面、动人的事迹、英雄的壮举。那时铅笔很难找到，墨也来之不易，黄镇就把锅灰刮下来，把烟筒里的灰捅下来做成墨。同时，他身上总还要存几支铅笔、毛笔，用来画速写、画漫画。画画的纸也是五花八门，是些红红绿绿、大小不一的杂色纸。这些笔和纸，有的是战友赠送的，有的是打土豪得来的，有的是从敌军中缴获的。黄镇在各色各样的杂色纸上，在驻地的门板、墙壁上，甚至在山洞中的岩壁上作宣传画、漫画和写生。长征途中，黄镇走一路画一路，创作的漫画不下四五百张，惜留存的仅有 25 张写生和漫画原稿。

这 25 张原稿，在战火纷飞的年代几经辗转，1938 年以《西行漫画》为书名，在上海出版。1962 年 7 月再版时，正式定名《长征画集》。翻开画集，一幅幅画面，真实地记载了那段让人难以忘怀的艰苦岁月，红军大无畏的牺牲精神和英勇作战的场面跃然纸上。画面中，林伯渠的马灯、大渡河汹涌的激流、飞夺泸定桥的场景、深山老林夜宿的寒冷等，都是真实的速写。在这些画中，最有代表性的是《草地行军》，画上是红军的一个连队正在草地上行军。红军进入雪山草地以后，每个连队都经受了严峻的考验。可是，不管草地如何难走，饥饿、寒冷、疾病天天威胁着他们，红军战士们依旧对革命胜利充满信心，奋勇前进。在行军路上，挑担子的炊事班是最辛苦的，同时也是最热闹的，锅碗刀盆撞的叮叮当当，一阵乱响。到了夜间，在四处笼罩着雾霭的草地上，连队选择一处稍高的平地宿营。若是晴天，又到了能够找些柴草的地方，则到处飘动着篝火，扬起一阵阵歌声。大家的心也都像跳动着的火焰，热烈、兴奋而欢乐。这幅画生动地反映了红军战士的革命乐观主义精神。

《长征画集》内容大致有两类：一类是长征沿途的风俗民情，一类是红军行军作战的实况，笔法简练、栩栩如生。虽然只有 25 幅画作，却是伟大长征缩影的画卷，是红军长征珍贵的形象史料。

（叶　鑫　撰）

# 美学领域的“桐城三大家”

美学，在中国，是一门古老而新生的学科。从先秦时代奠立基本思想以来，在数千年历史发展中，形成了博大精深的内涵，带来中国文学艺术的高度繁荣。近代以来，一批留学欧美的知识分子，开始把西方美学引入中国，以新的观点和研究引导中国的文学艺术，并建立起独立的美学学科。在这场美学发展的新进程中，朱光潜、宗白华、方东美等人均具有开山立宗的作用。

朱光潜，少年时就读于桐城中学，先后在英、法多所大学研读西方文学、心理学、哲学和艺术史，历任四川大学、武汉大学、北京大学重要教职，曾当选为中国美学会会长、中国社会科学院学部委员。他是第一个大量地将柏拉图、莱辛、黑格尔、克罗齐等人的美学经典著作译介到中国的学者，并独立撰写《西方美学史》，首次全面系统地阐述了西方美学思想的发展，使中国学术界对西方美学有了直接而深刻的了解。早在青年时期，朱光潜就写下了大量的美学著作，如《文艺心理学》《悲剧心理学》《诗论》等，并以此为纲，开设一系列美学课程，推进中国美学教育的发展。及至暮年，他依然著述不辍，对青年朋友们进行娓娓不倦的美学教育。在长期的美学研究中，他开拓发展自己的美学观，提出“美是主客观的统一”的主张，更加关注艺术作品和人的整体的关系，把艺术视为人与自然对立中的解决性力量，使得美学研究的境界发生了更大的迁移。钱念孙说：“（中国）美学大厦的真正营造，始于朱氏之掌。”

与朱光潜同庚的宗白华本是江苏常熟人，其母方淑兰为桐城人，幼时随母居住在外祖父方守彝家，故常自称“半个安徽人”。他的外祖父是清末民初诗人，宗白华受其熏陶，十分向往古典美学的神韵。年轻时曾赴德国学习哲学、美学，后来他的美学研究却从信奉西方转向了对中国艺术精神的阐扬，着力探求中国的美学思想和艺术作品中对人的精神生命追求的祈向。在《美学散步》中，他阐说音乐、绘画、建筑、书法等不同艺术门类背后人类心灵的幽情壮采，创见迭出，使人充分感受到人间的诗意和对生命的憧憬。宗白华的“生命美学”观，开启了美学研究的新取向。1952 年高校院系调整，宗白华与朱光潜在北京大学相会，他们相约各撰《中国美学史》和《西方美学史》，可惜宗白华所著未能成编。

方东美少年时与朱光潜同时就读于桐城中学，曾在美国学习哲学，1947 年赴中国台湾。他出自桐城文化世家桂林方氏，深得祖风家学影响，始终以弘扬中华文化的精神价值为学术主旨，以期实现对现代人类的精神拯救，由此与梁漱溟、冯友兰等并称为“新儒学八大家”。

三位美学大师年轻时都曾受桐城文化的熏染，又共同开创了中国美学研究的新局面，是桐城学者的杰出代表。

（汪文涛　撰）

# 婉转黄梅吐芬芳

黄梅戏初称“黄梅调”，曲调悠扬委婉，风格淳朴亲切，富有浓郁的地方特色和清新的泥土气息，深受桐城人民喜爱。

清光绪二十一年（1895），桐城“三月黄”戏班正式组建。班主彭小佬，原名彭鸿华，瓦工，后弃技从艺，拜魏老三、高成章为师，学唱黄梅戏。正式组班后，在桐城、怀宁、潜山一带乡村演出。因为物质条件简陋，曾被人撰联嘲讽：“远听锣鼓乒乓，哎，大头的班子（当时较为有名的徽班）；近看生旦净丑，呀，小佬的黄梅。”1919年冬，桐城民间艺人琚光华等组建“双喜班”。他率先制定了“十大班规”，实行以艺计酬制，谁最卖座，谁报酬最高。1936年初，琚光华率桐城黄梅戏艺人闯荡上海滩，在大世界舞台演出，连场爆满。1949年2月，琚光华又组建大众剧团，为南下作战的刘邓大军演出大型历史剧《李闯王进京》。1952年6月，大众剧团来到安徽省青阳县演出，受到当地观众的追捧。青阳县领导顺应民意，请求大众剧团留在青阳。经安徽省文化厅协调，桐城县委同意“大众出嫁”。四年后，琚光华又应聘到江西省彭泽县黄梅戏剧团传艺。

1952年，桐城在安徽省率先组建县级黄梅戏剧团。建团以来，上演传统古装和现代戏100多个。改革开放后，陆续创排了《遗祸》《胭脂湖》《桐城六尺巷》《惊天一兰》《青山鉴》《风雪欧家岭》《方以智》等大型黄梅戏20余部，相继参加省级、国家级展演，获得众多荣誉，为丰富人民群众精神文化生活、繁荣发展黄梅戏艺术作出了积极的贡献。

桐城丰厚的艺术土壤孕育了一代代艺苑名家，他们以突出的创造才能，将黄梅戏艺术不断推向新的阶段。琚光华在执掌“双喜班”时，为弥补早期黄梅戏乐器单调、舞台表现力不强的缺陷，特地请来京剧名伶刘玉义传艺，请琴师汪元甫以京胡托腔，开黄梅戏乐器伴奏之先河。在表演时，运用“带彩”“水袖”等技法，增强演出效果；减少后台“帮腔”，突出演员个人演唱风格；取消锣鼓过门，代之以乐器伴奏，以适应城市观众的欣赏需求。新中国成立后，从桐城罗家岭走出的严凤英，潜心钻研，勇于创新，引领黄梅戏艺术迈向高峰。她善于吸取京剧、越剧、评剧等姐妹艺术之长，唱腔圆润甜美，表演形象生动，感情真切饱满，形成独具特色的黄梅戏“严派”艺术。先后主演《天仙配》《女驸马》《春香传》《牛郎织女》等50多个剧目，塑造了一大批光彩照人的艺术形象，成为享誉海内外的黄梅戏表演艺术大师。此外，桐城还先后培养输送了张胜英、张云风、许自友、张传宏、严松柏、江龙胜、许桂枝等一批优秀黄梅戏演员，浇灌黄梅戏艺术之花越开越艳。

（方宁胜　撰）

# 桐城“二杨”与京剧大师梅兰芳的渊源

素有“国剧”之称的京剧是在徽剧艺术基础上发展形成的，梅兰芳则是京剧旦角艺术的集大成者。他独创的“梅派”艺术享誉中外，在其孕育和传承的过程中，两位杨姓桐城籍京剧艺术家与之颇有渊源。

第一位是梅兰芳的外祖父、清末著名京剧表演艺术家杨隆寿（1845—1900）。他出身于梨园世家，父亲杨福源是清道光、咸丰年间有名的昆曲演员，曾被朝廷招为升平署内外学教师。杨隆寿自幼随父进京，先入双奎班学习京剧武生，后拜京剧开山祖师、安徽潜山人程长庚为师，得其真传。同治十二年（1873）加入四喜班，工于武生，扮相英俊，演技超群，善于表演“水浒”人物，有“生石秀、活武松”之誉。他扮演的《英雄义》中史文恭、《泗州城》中孙悟空、《八蜡庙》中褚彪，力健气充，英光迸露。曾与谭鑫培、俞菊生、方松龄等合演《翠屏山》，珠联璧合，传为盛事。

光绪六年（1880），杨隆寿创办“小荣椿”科班，后又创办“小天仙”戏馆，言传身教，培养人才，“一时桃李，尽出杨家”。知名高徒有杨小楼、程继仙、叶春善、蔡荣贵、谭小培等。光绪九年，被选为升平署教习，名列武生行榜首。杨隆寿还擅长编剧，编有京剧剧本《陈塘关》《三侠五义》《火云洞》《双心斗》等。他的京剧表演技艺代有传人，其子杨长喜、孙杨盛春、曾孙杨少春均得家传，婿梅竹芬、黄小山、朱玉龙、徐兰元皆为梨园名流。外孙梅兰芳在回忆录《舞台生活四十年》中，多次提及他与外祖父的师承关系。

第二位是生于桐城的著名梅派传人杨畹农（1907—1971）。他自幼酷爱京剧，先习老生，后入复旦大学学旦角，专心钻研梅派，任复旦大学京剧社总干事，常登台演出，以嗓音神似梅兰芳震惊四座。1930年毕业后，在南京盐务署任职，每天坚持练功。1932年春，他在北京经人介绍，结识梅兰芳，得其赏识。次年，梅兰芳到上海演出《四郎探母》，邀请杨畹农饰演萧太后一角，演至《盗令》一场，两人对唱，似出一人之口，满场为之惊叹。抗日战争爆发后，杨畹农移居重庆，演出《生死恨》等剧目，有“重庆梅兰芳”之誉。抗战期间，梅兰芳、程砚秋两位京剧大师为抗议日寇侵华相继息影隐居，在抗战胜利后欣然复出，程先生收赵荣琛为徒，杨畹农拜梅先生为师。1946年6月初，上海举办赈灾义演，两对师徒在天蟾大舞台同台演出《四五花洞》，连演两场，观者如堵，“老梅带小梅、老程带小程”成为艺苑佳话。

1949年初，杨畹农创建梅剧进修会，并在电台教戏，倾力传播梅派艺术，培养后备人才。1956年，经梅兰芳推荐，杨畹农进入上海市戏曲学校任教。1971年受到迫害，含冤去世。2008年3月，上海戏剧学院附属学校主办“梅韵留芳——京剧梅派名师杨畹农教学成果研讨展演活动”，杨畹农弟子京剧名家李炳淑、杨春霞和梅兰芳之子梅葆玖等亲自登台演出梅派经典剧目。梅葆玖盛赞：“杨畹农先生为师和做人之道，都是值得我们去传承的。”

（方宁胜　撰）

# 丰富多样的明清桐城文献

明清时期，桐城文教兴盛，学者辈出，作家众多，各类著作层出不穷，享有“文献名邦”盛誉。

据当代学者沈志富的研究结果，清乾隆年间诏开《四库全书》馆，向天下征书，桐城献书者甚众，《四库全书总目》显示，收入桐城籍学者文献56部，经、史、子、集皆备；民国时期，刘声木编著《桐城文学渊源考·撰述考》，选入桐城籍作家129位、著述200多种；当代蒋元卿先生《皖人书录》收录桐城籍学者约800人、著作约2 000种；牛继清先生主纂《安徽文献总目》，收录桐城籍学者约1 300人、著述4 000多种。

桐城文献类型多样，形态丰富，品位较高。17—19世纪，桐城乡邦文献著述、编辑、刊刻活动持续300年之久，其中既有个人自撰著作，也有家谱家集，还有地方志书和合邑总集，其系统性、完备性、史料性在明清县级区域中并不多见。就通邑性乡邦文献而言，以诗文、史志、人物三类著作居多。其中，诗文总集类有姚文燮选撰的《龙眠诗传》，钱澄之选辑的《龙眠诗选》，潘江辑选的《龙眠风雅》，李雅、何永绍辑录的《龙眠古文》，王灼编选的《枞阳诗选》，文聚奎、戴钧衡编纂的《古桐乡诗选》，戴钧衡、方宗诚合辑的《国朝桐城文录》，姚觐闾编选的《桐城诗萃》，吴希庸、方林昌合辑的《桐山名媛诗钞》，徐璈编撰的《桐旧集》，萧穆纂辑的《国朝桐城文征》《国朝桐城文征约选》等。史志类著作有戴名世记载桐城民变和战事的《孑遗录》，王雯耀记述官绅坚守桐城、抵抗张献忠农民军进攻的《全桐纪略》，方江以日记形式记录太平天国史实的《家园记》，马树华考订桐城科举掌故的《桐城选举记》，以及弥补县志芜杂寡要之缺的《龙眠识略》等。人物掌故类著作有明末方学渐的《桐彝》《迩训》，主要记述桐城先贤事迹，开桐城乡邦文献编纂之先河；清末民初马其昶撰著的《桐城耆旧传》，以姓氏为纲，采取主传与附传相结合的方式，汇集桐城各家族先哲事迹，堪称一部资料翔实、足以传信的乡邦文献。至于清嘉道间名臣光聪谐辑刻的《龙眠丛书》，首次以丛书形式，将宋元以来桐城先贤遗著百数十种，汇聚一体，结集刊布，其保存地方文献之功尤足称道。

如今，《龙眠风雅》《龙眠古文》《古桐乡诗选》《桐旧集》《桐城耆旧传》等乡邦文献，均由出版社整理出版，读者阅后，可以从中感知桐城文化的独特魅力，激发斯文在兹、继美前贤的担当精神。

（方宁胜　撰）

# 走进安徽中国桐城文化博物馆

博物馆承载着历史、凝结着记忆。走进安徽中国桐城文化博物馆，一幅生动的千年历史画卷在我们面前徐徐展开。

安徽中国桐城文化博物馆的基本陈列是“文都风华”，以大量文物、图片、书影等展品，全方位、多角度地展示博大精深的桐城文化。进入前厅，是“文都风华”主题浮雕，它以环形水流状线条，缀连起桐城千年历史文脉。

在主展区，一件件文物穿越历史时空，勾勒出生动的桐城故事。魏庄遗址的玉玦、丁家冲遗址的箭镞、张山崁窖藏的石刀，讲述着先民的艰辛与智慧。境内出土的鼎、尊、盉等青铜器，造型优美，是先秦文明遗留在桐城大地上的印记。馆中展板上，有唐代曹松的诗句“凭君莫话封侯事，一将功成万骨枯”，以及宋代李公麟的《龙眠山庄图》。元末明初，大量移民迁居桐城，其中以饶州、徽州居多，而江西瓦屑坝是人口迁徙的重要集散地。展柜里，一部部家族谱牒，记载着移民将他乡作故乡，在桐城筚路蓝缕、辛勤耕耘的历史，是他们促进了地方经济、文化和社会的发展。桐城古城形似“金龟”，六座城门为龟之首尾及四足，桐溪塥、洙泗沟为龟肠，街巷为龟甲纹理。取“金龟”为城形，意谓“永寿”，以期城固民安。城墙历明清两代，至抗日战争时才被拆除。城池的历史照片，以及北拱门石刻、城楼上的铁炮、城墙砖等文物，佐证着古城设计的匠心独运和城池的雄伟壮观。

桐城派是中国文学史上最大的散文流派，先后归聚作家 1 200 多

安徽中国桐城文化博物馆外景

人。桐城派作家提出的“义理、考据、辞章”，概括了好文章的必备要素，“有所法而后能，有所变而后大”，为文法赋予了生命动能。在《天下文章　桐城文派——桐城派陈列》展厅，展板上的照片、图表、文字，展柜里的古籍、书画，展带上的场景复原，让人不由自主地发出“天下文章其出于桐城乎！”的赞叹。

据不完全统计，明清时期，桐城有进士 240 人，举人 640 人，贡生 509 人。他们或以德政泽被百姓，或以文章传诸后世，或以气节名垂青史，或以艺术流播千古，在历史的舞台上共同演绎着精彩纷呈的桐城文化。徜徉在安徽中国桐城文化博物馆，可以领略“五里三进士，隔河两状元”“父子双宰相”“冠盖满京华”等科举教育盛况，还可以欣赏到方以智、张英、程芳朝、姚鼐、姚元之等历史文化名人的精美书画。

今日，走进安徽中国桐城文化博物馆，我们得以与历史“对话”，更加直观地感受到桐城文化的厚重与多彩。这种“看见”历史的过程，能够使人获取新知，汲取走向未来的智慧和力量。

（叶　鑫　撰）

# 星罗棋布的地面文物

桐城西北群山逶迤，东南襟江带湖，自原始社会时期就有人类在此刀耕火种。西周置桐国，自秦汉以来，七省通衢的地理位置、名人辈出的人文环境，使得桐城文化蔚兴。桐城的地面文物星罗棋布，像一粒粒珍珠，散落在青山绿水之间。

桐城的古遗址主要分布在河流及湖泊沿岸。新石器时代，先民逐水而居，在这块“奇山水之区”生息繁衍。孔城河畔的魏庄遗址，距今5 000年左右，出土的玉器、石器磨制精细，工艺精湛。在丁家冲、鲁王墩、朱家墩、大悲庵等新石器时代至商周时期遗址，厚厚的文化层中堆集着石器陶片、纺轮网坠。除此之外，桐城还有南朝时的吕亭左县、宋代的铜山镇、元代的六儿城等城址遗迹可寻。

桐城的古墓葬数量众多，尤以名人墓引人瞩目。汉代大司农朱邑墓，背倚栲栳群山，封土高耸。明代方法墓、张淳墓、余珊墓、左光斗墓、孙晋墓、双忠墓，与山水相映。清代张秉贞墓、姚文燮墓、程芳朝墓、张廷瓒墓保存完好。张英、张廷玉生前喜爱龙眠山佳木葱茏，卒后也在此托体山阿，墓地规模宏大，石刻精美，为典型的礼制性墓葬。清代戴名世、姚范、姚莹、戴钧衡、刘开、方东树、马其昶、姚永朴、姚永概等桐城派代表作家墓葬，以及练潭布衣诗人徐𦈡、吴鳌墓，规制虽略显简朴，仍不掩清穆之风。

桐城的古建筑种类繁多，各具特色。桐城文庙、六尺巷、桐乡书院朝阳楼，是桐城文化的标志性建筑。方以智故居、姚莹故居、啖椒堂、姚元之旧馆、方氏九间楼、左家大屋、宰相府遗存，朴素雅致，反映了桐城文人宁静淡泊的精神特质。在紫来桥、官庄桥的桥面巨石上，往来南北道路上的车轮碾压出岁月的辙痕。左忠毅公祠、桐陂赵氏宗祠、刘井刘氏宗祠、长岭张氏宗祠、白陂塘汪氏宗祠、木山潘氏宗祠，其建筑庄重而不失灵动。唐湾古村落、孔城古镇、古城区的老街，古建筑鳞次栉比，集中成片，历史风貌和地域文化特色鲜明。南大街凤义兴商号楼、孔城老街李氏钱庄、练潭老街袁家当铺，见证着桐城昔日的商贾云集，市肆繁华。

桐城的石刻碑碣，遍布城乡。龙眠山百步绕云梯冲、椒子岩、媚笔泉和披雪瀑、石门冲等处的摩崖石刻，为名人雅士题作，与名山幽谷共存，篆、隶、草、楷、行等字体齐全，具有重要的书法和史料价值。鲁谼山试剑石石刻，仿佛诉说着三国时的刀光剑影、烽火狼烟。民国时期的桐城中学“高峰入云”石刻柱和五州地图碑，记载着桐城教育百年辉煌，激励着一代代学子发奋读书、清白做人，成为国家栋梁。

桐城的近现代重要史迹及代表性建筑颇多。吴越故居、渡江战役二野司令部旧址及刘伯承邓小平居所、鲁谼农民暴动旧址、倪楼农会旧址、大横山抗日战场旧址、桐怀潜一大会议旧址、戴长春饭店等，皆是弘扬革命传统、传承红色基因的生动教材。还有桐城烈士陵园、施从云墓、叶同春烈士墓、宋海珊烈士墓等。文物无言，精神不朽。半山阁设计独特，被誉为“凝固的音乐”，是近现代文物建筑的典范。

桐城丰富的地面文物是历史的见证，是历代桐城人智慧的结晶。它们各呈不同历史时期的风貌，闪烁着灿烂的文明之光。

（叶　鑫　撰）

# 六尺巷建筑的美学风格

一条六尺巷，美名五洲扬。六尺巷朴素雅洁的风格，无论怎么拍，都那么上镜。

很多视频在陈述六尺巷故事的同时，往往会提到它的建筑风格。六尺巷的墙体建筑是明清桐城张府、吴府建筑的缩影，很多人说是徽派，也有人说是江淮民居风格，还有人说是赣派，究竟是何风格呢？

徽派建筑的风格特点，简单地说：粉墙黛瓦马头墙，天井三雕韵味长。灵动典雅的建筑坐落在青山绿水间，彰显着徽商的辉煌。

回看桐城明清世家大宅，首先映入眼帘的不是明亮洁白的粉墙，而是磨砖对缝的清水墙。那么，桐城明清世家大宅的建筑是何派建筑呢？查看中国建筑史发现，有一种与徽派建筑风格相近的建筑叫赣派建筑，在历史上曾经辉煌，特别是自南宋至明清，中国南方经济文化勃兴，江西地区尤盛，自宋至明江西的进士和状元数量都排在全国前列。而以景德镇瓷器为代表的手工业，以鄱阳湖水系为代表的水运行业，孕育了庞大的赣商群体，赣派建筑也应运而生。

赣派建筑是青砖黑瓦马头墙，不用白灰粉刷，古朴厚重，建筑显露出青砖本身的材质，古朴、敦厚、优雅，代表了赣文化的精神内涵。徽派建筑则在墙体上一层刷白，一般都有白壁马头墙这一特色，更接近于苏锡一带的民居，与江南的青山绿水相互映衬。两者都是南方民居的典型代表，但在美学取向上截然不同，赣派建筑追求含蓄之美，徽派建筑追求轻盈之美。

与这两种建筑风格皆相似的就是江淮民居建筑，它们保持了徽派的马头墙、赣派的砌砖合缝等特征，但整体风格更加简朴，马头墙简化，门窗大多保持材料的纹理原色。

我们再来看看明清时期留存下来的桐城建筑，它们既保留赣派的清水墙（磨砖对缝）、博风线（白线），又有简化的徽派马头墙，少雕绘多原色的江淮特征。

综上所述，桐城明清时期的世家建筑，整体以赣派为主，兼收徽派和江淮民居元素，形成了简洁、朴实、典雅的特征。

至此，我们若回顾桐城的文明史，就不难发现，这种建筑风格的形成与桐城的地理地貌，特别是人口形成历史密切相关。桐城地处南北要冲，负山临江，江山相依，古有“七省通衢”之誉，也是兵家必争之地，干戈日常。从衣冠南渡到洪武赶散，这里南北移民频繁，特别是元末明初，人口骤降，洪武、永乐年间江西瓦屑坝移民大量填入，带来了程朱理学，带来了艰苦奋斗精神，也带来了赣派建筑风格。加上桐城地理地貌与赣鄱大地相似，文化传承相似，再保留桐城本地原有建筑的优点，就形成了桐域建筑的个性风格。桐城六尺巷很好地再现了明清桐城世家建筑的风格。

一方水土养一方人，一方人成就了一方文化。在我们这块土地上，有清香的水芹，兰香的小花，淡雅的水碗，素雅的建筑，更有清正雅洁的桐城派。这朴实素雅、清风雅韵的六尺巷，承载着懿德流芳的美谈。

（张新富　撰）

# 名人故居聚古城

桐城有很多蕴含文化气息和历史故事的老地名，如寺巷、操江巷、延陵巷、六尺巷、宗伯第巷、钱尚书院巷、讲学园巷等。桐城名人故居大多在这些街巷里。

方以智故居在寺巷西侧，原名“廷尉第”，又名“潇洒园”。明清时期，从这里走出的历史文化名人有方学渐、方大镇、方孔炤、方维仪、方以智、方中通、方昌翰等。方以智人生坎坷，却始终不忘家国情怀，潜心学术，被誉为“百科全书式学者”。方以智故居现存四进主体建筑，东侧为园林，环境清幽，风格素雅。

姚莹故居在寺巷东西两侧。东侧为中复堂，建筑呈南北向数路排列，厅堂轩敞，格局紧凑。西侧亦为姚氏旧宅，北与方以智故居相连。姚莹是桐城派代表作家、爱国思想家，师从姚鼐，是“姚门四杰”之一。鸦片战争爆发后，他坚决主张抵抗侵略，在台湾道任上带领台湾军民击退英军入侵，五战五捷。姚莹故居为砖木结构，青砖白缝，朴实无华。

走出寺巷，步入北大街西行即到啖椒堂。啖椒堂是明代左光斗的故居，西侧为左忠毅公祠。左光斗官至左佥都御史，他惜才爱才，刚正不阿，因力劾魏忠贤而下狱被迫害而死，谥号“忠毅”。“风云三尺剑，花鸟一床书”，置身啖椒堂，既能够真真切切地感受到左光斗叱咤风云的济世情怀，也能感受到他读书赏花的生活情趣。

出啖椒堂，过操江巷，即看见姚元之旧馆掩映在北街小学校园的

姚莹故居

百年玉兰、紫藤间。姚元之是清代左都御史，书画家。其故居原有亭台名“竹叶亭”，现存前后两进二层楼式建筑，中间院落植桂树，两侧有厢房。整组建筑体量较大，青砖小瓦，山墙高耸，气势壮观。

吴越故居与姚元之旧馆近在咫尺，穿过狭长的延陵巷，一进五开间砖木结构的房屋即展现在眼前。吴越是近代民主革命志士，他为揭穿清政府假立宪骗局、阻止五大臣出洋考察而壮烈牺牲。孙中山亲撰祭文，有“爰有吴君，奋力一掷”之句。

如果说吴越故居折射出仁人志士为救国救民而舍生取义的思想光芒的话，那么勺园则承载了文化世家的百年沧桑。勺园在清末民国时是诗人、书法家方守敦的居所，园内的九间楼是清代学者方宗诚的藏书楼。鲁谼方氏是诗礼传家的文化名门，中国现当代文学史上的方孝岳、方令孺、方玮德、方管（舒芜）等，都在这里生活过。

在桐城寻访，你还会与桐城派殿军马其昶家族旧宅、清代直隶布政使光聪谐家族老屋、张英张廷玉宰相府遗存等不期而遇。百年名校

桐城中学校园内，还有桐城派集大成者姚鼐故居惜抱轩旧址，姚鼐手植的那棵银杏树，至今仍郁郁葱葱、枝繁叶茂。

（叶　鑫　撰）

# 龙眠山文和园

山以形名，龙眠山犹如苍龙，隐伏于桐城西北。这里峰峦叠嶂，风光旖旎，古迹遍布。清代大学士张廷玉墓园——文和园即位于龙眠灵山秀水间。

清乾隆二十年（1755），历经康、雍、乾三朝五十载的张廷玉，卒于家乡桐城，奉旨按大学士品秩葬于龙眠山，墓园以其谥号“文和”冠名。文和园藏于深山，出桐城市区，沿龙眠河溯流而上，行至龙眠山腹地相国桥，登阶数百步，豁然开阔，可见一座青山，一依山的墓园。园区修竹低垂，松柏青翠，山鸟时鸣，松涛阵阵。置身其间，令人心灵澄静，发思古之幽情。

文和园由享堂和墓地组成，既有园林空灵蕴藉的风致，又不失墓地庄严肃穆的氛围。园区建筑依山构筑，因地制宜，布局主次分明，空间错落有致，色调朴素淡雅，与秀丽的自然风光交相辉映，相得益彰，成为龙眠山独特的风景。

进入园区，“张氏享堂”四个大字镌刻在门楣上端石匾中间，烘托出墓地的肃穆。入中门为照壁，前后嵌有“赞猷硕辅”“调梅良弼”八个石刻大字，意为“贤能的辅佐大臣”，这是清雍正皇帝御赐张廷玉的手迹。照壁后为享堂，面阔三间，厅堂墙壁两边悬挂着张英、张廷玉书法匾额。“满招损，谦受益”，这是张廷玉摘抄其父张英《聪训斋语》中的语句。正中屏风上刻有张廷玉像，可见主人公正襟危坐，满目睿智，显得宠辱不惊。

过享堂，沿曲径登阶至山半腰即是墓地。墓地东向略偏南，北傍狮形地，南倚金交椅，所在山名凤形地，似凤翼展护左右，周围松柏环绕，含青吐翠。居高临下，近山如螺，碧玉滴翠；远山如眉，粉黛含烟，气势蔚为壮观。墓地以墓冢为中心，其下三层地墁石祭台呈扇形展开，上置供桌、香炉、烛台、香筒等石祭具。往下设九级拜台，依山势递降，中贯汉白玉铺砌神道。神道前方为礼制性建筑牌楼、望柱，两旁自上而下依次对称排列着文臣、武将、石马、石虎、石羊、石狮，以及赑屃负御记碑等。整组墓表装饰物展现了张廷玉生前身后无上的威仪和恩荣，见证着文和园的历史沧桑。

张廷玉墓现为全国重点文物保护单位，其墓园文和园为龙眠山增添了文化意韵，成为后人缅怀前贤的精神家园。

（叶　鑫　撰）

# 说古道今话孔城

“人烟开小聚，传说吕蒙城”。诗中所说的吕蒙城，为东吴名将吕蒙所筑孔城，城有千余载，遂有“千年古镇”之谓。古代孔城属北乡，位于古桐国区域，境内有鲁谼、洪涛、岱鳌三山环绕，大关、卅铺、木桥、双龙、鲁王河及庐江县的柯坦河，众流汇集于孔城河，注入白兔湖。因是多流汇集入湖通江的孔道，故名孔城。

早在新石器时代，孔城一带就有人类活动。近年考古发现，镇北有丁家冲遗址，镇东有魏庄遗址。春秋时吴楚相争，汉末吴魏交战，隋唐兵乱，都在孔城留下遗迹。北宋时，孔城已是桐城九镇之一，明清时期位居桐城四大名镇之列。

古代孔城水运发达。往来南北的船只多由此过湖入江，向西可通赣、鄂，向东连通苏、沪，而陆路向北亦可抵达京城，为重要的水陆交通枢纽。清末民初，这里商贾云集，各类经营齐全，是江北重要的商埠。发达的商业贸易促进了百业兴旺，自明清至现代，古镇商铺、客栈、钱庄、茶楼、戏院、药店鳞次栉比，集市、作坊、仓房、码头、货栈一应俱全。

各地商贾的涌入，带来不同地域的文化交融。徽剧、黄梅戏、庐剧都曾在这里演出。尤足称道的是，从这里走出去的杨隆寿，随徽班进京，成为一代武生宗师；其外孙梅兰芳饮誉全世界。形成于清末的孔城《十甲歌》，以鲜明的地域特色保留了古镇繁盛时期的里甲文化。

孔城老街

发达的商业推动了教育的发展，一代文宗戴名世的族裔戴钧衡于清道光十九年（1839）在古镇创办桐乡书院，他力倡的“四议”办学经验，受到朝廷的重视，并向全国推广。到了现代，从这里走出了著名美学大师朱光潜、著名哲学家方东美和革命家尹宽。

孔城自古多人杰，近代仍不乏忠勇之士。桐城最早的红色革命组织“中共孔城支部”就是在这里诞生的。而离此地不远的砂子岗，走出了辛亥英杰施从云、抗日名将施中诚、女中豪杰施剑翘，他们的英名已载入史册。

孔城山水秀丽，明代始定“桐城八景”，而孔城占其二。“桐梓晴岚”“孔城暮雪”可谓留在孔城山水间两幅诗意盎然的水墨画卷，令人陶醉其中。今天的孔城，和美乡村呈现出一派新气象：春花烂漫，夏荷映日。老街有青少年综合素质教育基地可供研学旅行，白兔湖滩涂有万鸟回翔供游人观赏。徜徉老街，可品尝特色小吃米饺、水碗，体会“里甲”文化。

随着桐城新城东扩，国道、铁路、高速公路、引江济淮运河等水陆交通在孔城交汇，古镇迎来了新的发展机遇。明代桐城盛德有诗云：“遥见兔湖帆，飞向青天外。”期待将来，千年古镇发展得越来越好。

（张新富　撰）

## 横山练水　诗情画意

练潭位处桐城南部，夏代为古巢之地。清代以前属日就（西）乡。南宋嘉定元年（1208），练潭是桐城九镇之一；明初为五大古镇之一；

清代位居桐城四大名镇之列。数百年间，练潭一直是桐城西乡的政治经济中心。

元末明初，大量徽州及赣州人北迁，练潭是他们选择的居住地之一。以江南望族汪氏为代表的诸多家族，开始在西乡这片土地上繁衍生息。

古代练潭以其独特的区位优势，一度成为桐西重镇。境内湖光山色，美不胜收。

练潭胜景有“横山”“练水”。练潭先贤、一代名儒潘江曾作《木山田家》诗咏道：“两座横山当户，一泓高赛堪渔。湖汊葭芦掩映，门庭榆柳扶疏”，写出了古时练潭水乡的恬静与农家生活的闲适。

“横山”指大横山、小横山，尤以大横山横亘南北而名扬江淮。从古渡口新安至练潭一带，地势渐平，而大横山孤拔突起，雄秀一方。山麓为古代官道，旧时置有横山铺，既是明清时邮传的重要铺所，亦是京省要道上的隘口。因山前兵事多发，明末至近现代皆留下兵火遗迹。抗日战争时期，中国军人于大横山英勇杀敌，取得辉煌战绩，大横山与英雄们一同被载入史册。今山颠建有烈士塔。

“练水”乃练潭水域之灵境。练潭境内河汊交错，圩湖相接。桐

“桐城八景”之“练潭秋月”

城诗人方守敦曾慨叹练潭水天景色："练潭渡口扶杖观云水，苍茫空阔，龙山云气，飞腾绮丽，极为壮观。"坐落于练水之滨的千年老街，具有江南水乡古镇的风韵，"桐城八景"之一的"练潭秋月"如梦如幻，古秋月亭即立于街南水渚龙头石上。明代王守仁有诗云："夜静倚阑干，窗明毫发见。"

"横山""练水"的自然环境蓄聚了一地风物，孕育了一方人文。这里商贾发达，交通便利。汉魏时期，范增、周瑜都曾在此留下足迹。自清以还，水乡诞生了潘江、潘田、潘赞化等文化名流，以及布衣诗人徐翥、吴鳌。

如今，练潭村已被列入中国第三批传统村落名录。

（张新富　撰）

# 蔚然深秀说唐湾

唐湾之美，在林壑秀绝。自桐城市区驾车驰驱在桐黄公路上，极目所望，山重岩巉。盘纡曲折数十里抵达唐湾大枫树下，登高远眺，山湾中一座古镇映入眼帘，这就是唐湾。

老一辈人谈起唐湾，总会说："唐湾出美人呢！"一句玩笑话，看似荒诞不经，其实饱含着人们对大山深处这方土地的向往之情。唐湾山清水秀，自然生态冠绝桐西北。这里道途险峻，交通闭塞，虽历世事沧桑，但古风犹存。

唐湾旧称唐家湾，地处桐城西北部山区，毗邻潜山、舒城。古时桐城有两条官道经过唐家湾通往潜、舒，故唐湾既是桐西北交通枢纽，也是贸易集散地。因高山险峻，抗日战争初期，民国桐城县政府曾迁避于此。1947 年，刘邓大军挺进大别山，新成立的桐城民主县政府亦曾驻此，唐湾一度成为桐城的政治中心。

唐湾为桐西重镇，人口繁盛，大户聚族而居，数百年积累，逐渐形成街衢。始建于明代的上排门古民居群分布于湾前、湾里、湾西、河高村民组，房舍依地势由东南向西北逐排构筑，皆为砖木结构，木构架为穿斗式或抬梁式，青砖黑瓦，墙体白缝构筑，栋梁局部点缀雕饰和彩绘。檐前弄廊纵横交错，迂回有致，将每个独立的建筑相连，体现了桐西山区古民居的建筑特色。

唐湾多山少地，平均海拔约 680 米，森林密布，河流、盆地、高山地貌齐全，境内奇峰耸峙，涧岩交错。有自然景点二姑尖、百丈崖、泛螺寨等，有中共桐怀潜中心县委第一次代表会议（望师岭会议）旧址、大独山烈士塔、叶湾县民主政府旧址等，八卦田、红旗洞则与 20 世纪唐湾人民于艰难岁月中战天斗地、改造山河所留下的特殊记忆紧密相关。

如今的唐湾，在“绿水青山就是金山银山”理念的指引下，努力做好保护生态和古文化遗存工作，在大力发展以茶叶为龙头的绿色林下经济的同时，发挥红色文化的引领作用，努力打造独具特色的和美乡村和旅游胜地。

（张新富　撰）

# 活态传承的桐城非遗

桐城是非遗项目保护与传承的重要地区。有关部门公布：截至 2024 年 5 月，桐城市现有国家级非遗代表性项目 1 项、省级 8 项、市级 12 项、县级 68 项；国家级非遗项目的代表性传承人 1 人、省级 9 人、市级 29 人、县级 187 人；省级非遗传习基地 3 个、省级非遗工坊 1 个、传习所 18 个，初步构建起四级非遗保护体系，为保障非遗工作开展提供了坚实的阵地。

桐城最具代表性的国家级非遗项目是民间文学“桐城歌”。桐城歌兴起于明代嘉靖、隆庆年间（1522—1572），历经 500 多年传唱不衰。如今，桐城歌守正出新，与黄梅戏一道，回响在江淮大地上。

桐城省级非遗项目中最具代表性的是民间文学《六尺巷传说》，故事发生于清代康熙年间（1662—1722），数百年间流传不断。而当代六尺巷传说又恰逢中华优秀传统文化的创造性转化和创新性发展的历史机遇，使得这段历史传说风靡海内外，焕发出新的生命力，彰显出新时代的人文精神。桐城其他省级非遗项目还有铸胎掐丝珐琅制作技艺、秋石制作技艺、王圩灯会、三合龙舟会、大关水碗制作、桐城小花茶、裁襟励子故事，其中的秋石制作技艺为本土独有的传统技艺。

王圩灯会

截至2024年，桐城市已经批准的市级和县级非遗项目多达80项。这些项目门类齐全，包括民间文学类、传统音乐类、传统舞蹈类、传统戏剧类、传统美术类、传统中医类、传统技艺类、民俗类等，其中的黄梅戏、十番锣鼓、境主庙、《乌金记》等非遗项目具有鲜明的桐城地域文化特色。

桐城市现有非遗项目代表性传承人200多位。他们皆身怀绝技，渊源有自。大关镇昆冲村查月华是国家级非遗项目“桐城歌”的代表性传承人。查月华自幼跟着村中老一辈歌手学艺，40多年熟记民歌近百首，代表曲目有《采茶歌》《青竹茅蓝紫竹穿》《十八岁的大姐周岁郎》《二十岁的哥哥去贩茶》等，她的代表作《昆冲山歌》影响颇大。业内人士评价她“演唱个性鲜明，且谱系明确”。查月华老师近年来致力于通过以师带徒的传授方式培养新一代歌手，为“桐城歌”传承出新继续贡献力量。

活态非遗的传承和发展，为桐城这座国家历史文化名城增添了新的文化内涵，具有永恒的文化价值。

（张新富　撰）

# 歌声飘过千百年

桐城地方文化，经过长期的发展，至明代已蔚为大观，佳作纷呈，名家辈出，即令民间文学也于海内艺苑中占有一席之地。“桐城歌”就是桐城文艺百花园中的一枝奇葩。

“桐城歌”又称“桐城时兴歌”，是明代中晚期兴起于桐城地区的一种曲调。明代沈德符在他的《万历野获编 · 时尚小令》中说：桐城歌与其他民间如“闹五更”“红粉莲”等曲调，兴起于嘉靖、隆庆之际，“自两淮以至江南，渐与词曲相远。不过写淫媟情志，略具抑扬而已”。“人人习之，亦人人喜听之，以至刊布成帙，举世传颂，沁人心府”。明代顾起元在其《客座赘语 · 俚语》一书中也写到了“桐城歌”，说“里弄童孺妇媪之所喜闻”。可见桐城歌在明代初年或更早已流传于桐城地区，并传播至外地。

狭义的“桐城歌”特指收录于明代冯梦龙等人编辑的《山歌 · 桐城时兴歌》及《风月词珍》等书中的五十余首歌词。这些词有固定的句式，即七言五句式，如最有代表性的《素帕》一词：“不写情词不写诗，一方素帕寄心知。心知接了颠倒看，横也丝来竖也丝。这般心思有谁知？”明代桐城歌基本上都是这种句式，以其独特的固定句式呈现出桐城山歌的地方特征。

当代，桐城民间文艺工作者经过多年采风搜集，挖掘出一批与明

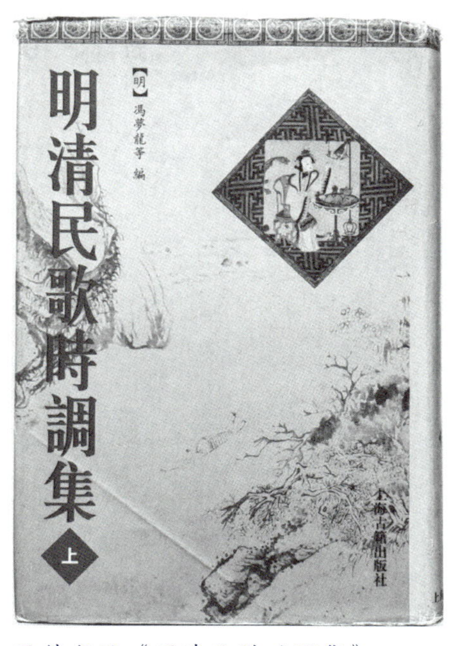


冯梦龙编《明清民歌时调集》

山歌十 桐城時興歌

鞦韆 以下五句

姐在架上打鞦韆。郎在地下把絲牽。姐把脚兒高蹺起。待郎雙手送近前。牽引魂靈飛上天。

素帕

不寫情詞不寫詩。一方素帕寄心知。心知接了顛倒看。橫也絲來豎也絲。這般心事有誰知。

葫蘆

葫蘆小時生得嬌。引得人來日日瞧。相交莫學葫蘆老。葫蘆老時兩開交。東也瓢來西也瓢。

卷十 桐城時興歌

“桐城歌”书影

代桐城歌句式不同的歌谣，其形式多样，体裁广泛，内容丰富多彩，这应该是广义的“桐城歌”。如今，多种形式的桐城歌在桐城乡村仍有遗存，活态的桐城歌因众多歌手的热爱而传承不断。目前，查月华已成为桐城歌国家级非遗代表性传承人，桐城歌省级代表性传承人也有多人。民间歌手汪长喜演唱的《我爱大姐一枝花》被中国艺术基金会录制并向全球推送。更有一批年轻歌手运用现代音乐手段，编制新桐城歌，如《哑谜歌》等，获得了业内好评。

明清学人称桐城歌为“时曲”，属乡土诗歌，内容多写闺中情思，语言俚俗，难登大雅之堂，这是古代文人的审美标准。但乡土俚曲也有其内在的审美情趣，其要在情发于中。桐城派作家戴名世论诗说：“田夫野人女子皆能自言其情，情之至而诗自工。”以此论来看待民间歌谣也十分恰当。桐城歌的歌声飘过千百年，当代文艺工作者在研究中传承，在传承中又能出新，自有其艺术价值与内在的生命力。

桐城歌现已入选国家级非物质文化遗产保护名录。

（张新富　撰）

# 鲁肃传说有遗迹

桐城民间文学体裁丰富，风格多样，神秘如八仙传说，诙谐如吴计成惩恶扬善，不胜枚举。其中三国鲁肃的故事流传久远，是桐城民间文学丰厚宝库中的奇珍。《桐城县志》载：“（孙）权十九年破皖城，请（鲁）肃为横江将军，经营此地而暂居之。”鲁肃征伐皖城，兵马曾在桐城驻扎，因而留下不少传说，至今遗迹尚存。

鲁肃，字子敬，临淮东城（今安徽定远）人。他少有大志，喜习武骑射，又轻财好施，颇有名气。周瑜任居巢（今安徽桐城）长时，请鲁肃资助军粮，鲁肃慷慨地用手一指，将一座三万斛的大粮仓送给了周瑜。鲁肃在桐城指廪捐粮，成为美谈，后人称城西柴巷内街一带为“指廪岭”，该处里坊叫“指廪坊”，以纪念鲁肃的义举。

桐城北部鲁谼山，取鲁肃之姓而冠山名。鲁肃屯兵设防时，在此山主峰荒草尖构筑瞭望台，后人改荒草尖叫“望曹尖”。荒草尖下有段河谷，称“鲁王河”，河边有墩，叫鲁王墩，是新石器时代遗址。这些山水，名字皆与鲁肃有关。

古人认为英雄常有神力相助，鲁肃也被民间所神化。《安庆府志》记载：“鲁谼山，桐城东北十五里，相传鲁肃居此，其上有试剑古石。”试剑石呈半球形，东北方向为剖面，石面阴刻行书三行：“此石，三国吴鲁子敬试剑古迹。士人汪天笑叙。”石刻字迹倒置，疑从山坡滚落所致。今石立山中，遗风犹存。

试剑石

鲁肃在桐驻兵，常于山中研究兵法。后人在他的读书处建读书亭以纪念。古亭不知毁于何年，近年在谷林寺前重建。

鲁肃在桐城北乡留下很多传说，其中有两则传说最为动人，一是寄母，一是投子。

寄母山位于桐城市城北约20公里处。相传鲁肃曾携母出征，戎马倥偬，途中母病，遂寄养于甑苤山的西边。战后，鲁肃来此探母，知母已谢世，哀恸不已，遂葬母于山巅。后人称此山为“寄母山”，

山顶为“望母岭”。

投子山原名“凤凰山”，因其山形若凤而得名。一次，鲁肃正在山中布阵，曹军突至。为保全襁褓中的儿子，鲁肃不得已将幼儿投匿山中，乡人遂将凤凰山改名为“投子山”。唐代大同禅师来此山建寺，初名胜因寺，后改名投子寺，称禅师为投子和尚。宋人刘兴言有《投子山》诗：“三雄分汉鼎，郊野战群龙。将军偶败此，投子空山中。”与刘兴言同时代的文人周邦彦也写过《投子山》诗：“缅怀鲁将军，兵败携部曲。来投衲子衣，解甲饭戎菽。谁令名此山，异代有余辱。”诗传千载，名留后世。

（张新富　撰）

# 仙姑井的传说

出桐城古城宜民门，观野崖横亘于北郭，崖西柴巷口有古庵名仙姑庵，庄严古朴，庵前有“仙姑井”，据说开掘于唐代。仙姑庵距北郭外的佛教名山投子山仅数里，若从山中入城，必经仙姑庵歇息，于是，一口井演绎了一段美谈。

仙姑井故事与佛教有关。清道光《桐城续修县志》记载：“初，大同禅师每溲溺（小解），有鹿来饮，久之，鹿产一肉球，裂开，内有女孩，师见而收育之。至十二岁，牧童以山花簪其髻，师乃令之下山，嘱曰：‘遇柴则止，遇何则归。’乃至柴巷口何道人家，遂栖之，以何为姓。守师戒修持觉悟。”

关于仙姑井的传说，与典籍记载不同的还有民间口耳相传的故事。

故事说：相传古时候有一对夫妇，在宜民门外开了家小店，每天起早贪黑以卖茶水为生，生活艰辛。但夫妇俩乐善好施，过往樵夫、苦力来店前讨水，有求必给；若遇到穷苦人及乞丐还会施舍些饭食。夫妇二人的善举感动了神仙。为了试探夫妻俩，一天，八仙之一的何仙姑化身为乞丐婆，来到店里请求施舍。夫妇俩看乞丐婆很可怜，便拿出食物和衣服给她，乞丐婆十分感动，于是现出真身，用拂尘朝着井口一挥，井水立即变成了清洌醇香的美酒。从此，夫妇俩不再卖茶水，改为卖酒。由于酒质好，又有何仙姑神力点化，生意兴隆。日子越来越好了，二人心生贪念，泯没了当初的善心，不再周济穷人了。这事很快就被何仙姑知道了。一天，何仙姑再次路过小店，听见夫妇二人在埋怨："这井可以变出酒来，可是没有酒糟给猪吃；要是再能出些酒糟，那就更好了。"何仙姑闻言不免愤怒，用拂尘对着井口一挥，从此井里再也不出酒了。时人写了一首诗指斥那夫妇："天高不为高，人心最为高。井水当酒卖，还嫌猪无糟。"这则故事极具讽喻性，告诫世人行善则感动神仙，不善则受到惩罚。

（张新富　撰）

# 大雅之堂寻常见的"楹联"

楹联，又称对联、对子或联语。中国第一幅楹联，据传是五代后蜀末代皇帝孟昶所作的"新年纳余庆，嘉节号长春"。宋代虽有仿效，如苏东坡等即有联作传世，但多为上层社会和文人学士的玩好，并未普及。到了明代朱元璋建都金陵后，一年除夕，"忽传旨公卿士庶家，门上须加春联一副”（清陈云瞻《簪云楼杂记》），事实上就是要求每家每户都必须贴上春联。有了皇帝的旨意，春联很快普及。后因主题渐丰，应用场合增多，春联概念过窄，便以“楹联”总括之。

楹联作为一种文学样式，貌似小巧，却能登大雅之堂，且非汉语华文而莫为，充分显示了民族文化个性，是中国传统文化艺术宝库中的一块瑰宝。桐城作为文化名邦，对楹联更是情有独钟，明清两代流传下来的名联数不胜数，或流传于民间，或散见于先贤著作。1989 年桐城县博物馆组织同好搜集整理，编印了《桐城联丛》一书，收联约 300 副，别为应酬、述怀、建筑、讽趣、喜庆、悼挽、其他七大类，聊补了桐城楹联资料的空缺。1997 年由白启寰先生编著的《安徽名胜楹联辑注大全》一书，共收录安徽全省名胜楹联 14 600 多副，其中“桐城县”的近 300 副，未分类。两书相加，除去重复，尚有近 500 副。这虽远不是桐城楹联的全貌，但也可管中窥豹，足见一斑了。

桐城楹联的来源主要有三个方面。一是桐城人写桐城的，如吴汝纶先生题桐城中学堂联：“后十百年人才奋兴，胚胎于此；合东西国学问精粹，陶冶而成”；二是桐城人写外地的，如吴芝瑛女士为近代民主革命烈士秋瑾题写的墓碑联：“一身不自保；千载有英名”；三是非桐城人写桐城的，如河南孙至诚书悬于桐城古城南熏门的集句联：“岂有文章惊海内；要留清白在人间”等。第一种联数最多，后两种次之又次之。

桐城楹联的主题非常丰富，其中体现桐城文教盛况、政事廉俭、爱国气节方面的楹联最有教育意义。体现文教盛况的如罗哲文先生题桐城文庙联：“想过去，冠盖满京华，文章甲天下；看今朝，人文重崛起，再度领风骚。”体现政事廉俭的如左光斗自警联：“俸薄俭常足；官卑清自尊。”体现爱国气节的如马茂元先生为长城抗战牺牲将士所撰的挽联：“万里龙城，挡不住猖狂海寇，古北、喜峰、垅口，烽火连天，铁马金戈，同泽同袍争赴难；五千貂锦，问谁非慷慷儿郎，秦云、燕树、吴江，乡关何处，银台白塔，秋风秋雨为招魂。”读来令人血脉偾张。

（潘忠荣　撰）

# 桐城传统儿歌撷珍

桐城传统儿歌充满乡土气息，表现形式多样，涉及求知、娱乐、生活、亲情等多方面内容。

摇篮歌。“小小摇篮像只船，妈妈轻摇伴儿眠。乖宝不怕风呐，乖宝不怕颠，乖宝不怕猫呐，乖宝不怕犬。我摇乖宝困（睡）呐，妈在宝身边。我摇乖宝眠呐，妈把肚肠牵。乖宝困呐乖宝眠，一觉困（睡）上大半天。轻轻摇啊甜中眠，轻轻摇啊甜中眠。长大不淘气，念书顶状元”。母亲柔柔地哼着歌儿，抚慰孩童入睡，歌儿伴着摇篮摇动的节奏，充满温馨。

数数歌。“数第一上筵席，数第二放鞭炮，数第三盘土枪，数第四去做事，数第五敲大鼓，数第六把肉吃，数第七心眼黑，数第八家要发，数第九满山走，数第十喂猪食”。儿歌朗朗上口，易于孩童熟记。

问答歌。“什么点灯不做事？什么做事不点灯？什么用针不用线？什么用线不用针？火亮虫点灯不做事，纺纱婆做事不点灯，蜜蜂用针不用线，蜘蛛用线不用针……”儿歌采用问答的方式，激发儿童联想，培养孩子的求知欲。

颠倒歌。“从来不唱扯谎歌，扯起谎来谎就多。爷爷十三娘十四，

哥哥十五我十六，姐姐出世我煮粥，我到外婆家里去，外婆躺在摇窠里哭”。儿歌把事物故意颠倒又进行排列组合，通过孩子天真无邪的吟诵，在逗趣的同时，让其知晓事物的发展规律。

接首尾歌。“月亮月亮粑粑，里面住着大大，大大起来摆摆，里面住着奶奶，奶奶起来梳头，里面伏头黄牛，黄牛起来喝水，里面趴条狐狸，狐狸起来哼哼，里面睡着猩猩，猩猩起来乐乐，月亮里面阔阔”。儿歌用顶针的形式，句子间首尾相接，趣味盎然。

桐城儿歌内容丰富，题材广泛：有求知主题的儿歌，如“小小毛儿郎，七岁上学堂，先生说我小，一肚子好文章”；有游戏主题的儿歌，如“手拿竹竿当马骑，城里伢子好稀奇，小妹见了笑嘻嘻，嚷着也要骑一骑”；有讲日常生活的儿歌，如“小板凳，长腰腰，我上稻床来看稻，戴小帽，拿竹炮，谁家鸡鸭来抢食，撵到八国也不饶”；有讲家庭亲情的儿歌，如“小公鸡，两头翘，光拉屎，不撒尿。穿花衣，戴红帽，更更啼，催人早，它是我家传家宝，抱给外婆做大寿，妈妈夸我好宝宝”；有忆及旧社会苦难生活的儿歌，如“出土的竹子节节空，哪知我们穷人好伤心，柴无一把，米无半升，大伢子哭，小伢子哼，逼租要债的不离门”；还有动物类的儿歌，如“小老鼠，上灯台，偷油喝，猫儿来，咕咚咕咚滚下来”。

桐城传统儿歌吟多唱少，方言和土语迭现，富有童趣，对儿童的启蒙教育有重要的影响。

（叶　鑫　撰）

# 先贤往迹

# 循吏朱邑享祀千年

桐城自秦汉设县以来，为官吏者多不胜计。明成化以前，所任官吏姓名及宦迹多已湮没无闻，西汉的啬夫朱邑却赫然载入史册。

朱邑（？—前61），字仲卿，年轻时任舒县所辖桐乡啬夫，因政绩显著，受民爱戴，迁为郡太守属官，又被举为大司农丞，升北海太守，在任治行考核天下第一，再擢为大司农。《汉书·循吏传》载，朱邑“为人淳厚，笃于故旧，然性公正，不可交以私，天子器之，朝廷敬焉”。他好荐举贤士，而自身生活节俭，常以俸禄及赏赐所得周济乡党亲友，家无余财。汉宣帝神爵元年（前61）卒时，天子下诏旌表，称为“淑人君子”，赐黄金百斤，以为祭祀之资。

西汉中期，天下承平虽久，而民生犹艰。朱邑在桐乡所任啬夫一职，掌诉讼、赋税事，直接关乎民生。他以爱民利民为施政之本，凡于民有利者皆为之，做到廉洁公正，普惠众庶。其为人仁善温良，从不鞭笞百姓，无苛刻狠忍之行，凡孤寡贫弱者，皆得其关怀，因此得治下百姓敬爱。他在桐乡任职之事，史志所述不多，但仍可约略见其风采。在蛮霸成风、狡黠横行的古代官场，其端庄仁厚的治政风尚，一如清风、暖阳，给疲敝疾苦中的百姓带来慰藉。朱邑后来虽历任他职，而心念所在，依然是桐乡。临终前，他对家人说：“我故为桐乡吏，其民爱我，必葬我桐乡。后世子孙奉尝我，不如桐乡民。”卒后，葬之于桐乡西郭外栲栳山麓。

朱邑卒后，桐乡之民为之起冢立祠，其祠规制宏伟，设有碑亭、华表、五凤楼等，以岁时祭祀，表彰他的德行功绩。历汉唐以来漫长岁月，祠庙屡废屡兴，唐元和八年及明洪武、正统、正德、嘉靖年间均有较大规模的重修，明成化年间将春秋祠祭设为定例。2013 年，桐城市文物管理所对墓地加以整固，墓冢封土四周筑以灰色花岗岩壁，外形呈端方覆斗状，古朴庄严，肃穆端凝，颇具汉墓气象。

朱邑墓

历来官宦文人对朱邑墓、祠多有吟咏。明末方文有诗曰：“汉朝陵墓有谁存？丞相通侯不足论。底事啬夫茔尚在，年年父老荐鸡豚。”世事茫茫，一方古墓千余年来竟然未被遗忘，堪为古今奇迹。

（汪文涛　撰）

# 古稀荣登“五老榜”

曹松（828—903），字梦征。早年生活穷困，曾避乱居洪都西山。后往依建州刺史李频。李死后，漂泊江湖，更加落拓。唐昭宗光化四年（901）方考取进士，因与同时及第的另四人年皆七十余，故时人称之为“五老榜”。此后曾官任校书郎，不久即因京中大乱弃官南归。

曹松是晚唐颇有名气的诗人，《全唐诗》录其诗二卷共百余首。据《唐摭言》卷八“放老”条所云，曹松诗是学贾岛的，这个观点可由他所作的《吊贾岛二首》得到印证。而他在《崇义里言怀》诗中所说的“平生五字句，一夕满头丝”，亦不啻为他效仿贾岛式的苦吟下一注脚。

贾岛是位终身不得志的诗人，作品大都描摹自然风光，或写些闲居生活的情景。在这方面，曹松的生活经历与之有诸多相同之处，情感上既容易产生共鸣，作品所表现的内容亦每与相似。故反映个人行历及写景诗构成了他作品中的大宗，艺术成就也以这一类作品为高。

在艺术表现手法上，贾岛为诗力矫平易浮滑之失，沉思冥索，以刻炼为能事，摹景状物，迥不犹人。在这方面，曹松也是学贾岛的，工于琢句炼字，不作浅语，时有清拔之气。尽管如此，他并没有成为贾岛第二。贾岛的风格是清奇僻苦，曹松则只学清奇，而摒弃了僻苦。所作虽刻意生炼，而自铸幽秀，殊无枯淡怪涩之癖。

曹松同贾岛还有一很大的不同。贾岛一生完全生活在自己的精神世界里，对现实生活采取的是一种消极逃避的态度，故很少有直面人生的创作，而曹松则不乏这方面的佳作。如《己亥岁二首》中的第一首：

泽国江山入战图，生民何计乐樵苏。

凭君莫话封侯事，一将功成万骨枯。

“一将功成万骨枯”，在某种程度上是一语道破了封建社会大多数战争的本质，鞭辟入里，允为警策，堪称“孤篇横绝”。

当然，曹松诗也有不足之处。集中只有近体，缺乏古体，就体裁论，还不能算完备。而近体亦时见字句粗直、情韵俱匮的平庸之作。尽管如此，曹松在唐诗史上还是有一定地位的。尤其是对桐城文学来说，影响更为深远，方宗诚在《桐城文录序》中就曾评价说：“桐城文学之兴，自唐曹孟征。”

（汪茂荣　撰）

# 方断事大节不辱

明初，太祖朱元璋将儿孙分封到全国各地为藩王，因为太子朱标早逝，朱元璋死后，皇太孙朱允炆即位，史称建文帝。当时藩王势力膨胀，威胁皇权，建文帝决定削藩。燕王朱棣起兵反抗，历时四年，打败了朝廷的军队，占领都城南京，建文帝下落不明。朱棣登基称帝，要求建文帝的大臣方孝孺为他起草登位诏书，方孝孺誓死不从，朱棣以“灭九族”威胁他，方孝孺说：“即使灭我十族也不写！”气急败坏的朱棣命人将方孝孺的家人亲戚尽数逮捕，又抓了方孝孺的学生，凑成“十族”，被杀者有八百多人，这就是明朝初年骇人听闻的“灭十族”惨案。

在朱棣血腥屠刀的威压下，全国各地大大小小的官员纷纷上表恭贺朱棣登基，以示臣服，以表忠诚。但是，在遥远的四川，偏有一个小小的官员不愿在贺表上签名，这个人就是方法。

方法（1368—1403），字伯通。建文元年（1399）乡试中举，主考官正是鼎鼎大名的方孝孺。方法中举后，任四川都指挥使司断事，这是一个六品官，职责是处理地方军队的刑事案件。他在任期间，以廉洁刚直而闻名，执法严明，不畏权贵。朱棣即位，当地官员上表道贺，轮到方法签名时，他把毛笔扔到地上，挽起袖子冲了出去，大喊道："先前的皇帝在哪里呢？如果我也签了字，将来怎么去见我的老师方先生呢？"于是遭到逮捕，解送到当时的都城南京。方法被押送上船之后，告诉陪同他的家人："到了安庆地界就告诉我。"当船行到望江的时候，他立在船头，对着家乡桐城的方向，躬身下拜，说："能够望到祖先的故乡，够了！"之后跳江自尽，年仅 36 岁。

方法生前曾作《绝命辞》二首，其中之一说："休嗟臣被逮，是报主恩时。不草归降表，聊吟绝命辞。身当殉国难，死岂论官卑。千载波涛里，无惭正学师。"大意是：不要因为我被捕而嗟叹，这正是我报答皇恩的时候。我不愿起草归降新主的表文，却吟唱结束生命的辞章。我自当为国而死，哪里会考虑到自己的官职低微。投身千年不息的滚滚长江之中，才对得起老师（方孝孺）！方法投江之后，人们没有找到他的遗体。他的夫人郑氏苦苦守节三十五年，于正统三年（1438）去世，遗命是将自己所珍藏的方法的指甲、头发收殓于怀中一同下葬，墓址在今龙眠街道双溪村境内。

方法之死，于国君是忠，于老师是义，所以马其昶赞颂方法"大节不夺"。他用生命昭示了人格的尊严和气节的力量。

（舒　林　撰）

# 齐之鸾立心公正

齐之鸾（1483—1534），字瑞卿，号蓉川，是公认的开桐城文学先河的人物，而桐城历史上中进士、入翰林院为庶吉士的，他亦是第一人。同时，他还是一位立心公正、声名卓著的士大夫。

齐之鸾自幼即表现不凡。九岁入塾读书，有一天，乡里前辈官员袁宏来访，恰逢老师外出，一班小孩见是生人，皆惊慌逃散，而齐之鸾仍朗诵如故，袁宏笑着说："客人到了，你还这么傲慢不理会，合礼吗？"齐之鸾答道："奉老师的命令读书，没有奉命接待客人。"袁宏闻言大为惊奇，觉得此儿非同寻常，由此一段因缘，最后竟将自己的女儿嫁给了齐之鸾。

后来的事实也证明了袁宏确实是慧眼识人。明正德六年（1511），齐之鸾高中进士，改庶吉士，授刑科给事中。时武宗重用宦官，纲纪废弛。齐之鸾身为谏官，立心公正，凡有悖于道理的事，皆犯颜直谏，不留余地。正德十一年冬，武宗令太监在京城西边开设皇店、酒肆，罗列优伶宫女，他自己则旷废朝政，时至店中游乐，齐之鸾见状即上言道："陛下贵为天子，怎么能追求蝇头小利，涉足倡优馆舍那样下三滥的地方呢？"

正德十四年，宁王朱宸濠起兵叛乱，不久就被巡抚王守仁击败，朱宸濠本人亦束手就擒。但武宗身边的一班小人嫉妒王守仁之功，加之此前王守仁曾上书言宁王欲反，请武宗亲贤臣、远小人；待到朱宸濠被俘，这班小人更觉恐惧，便糊弄武宗南征，欲抢夺王守仁之功，并诬蔑他与叛贼曾有勾结。齐之鸾听说后，怒不可遏，竭力为王守仁辩诬，并愿以一家性命作担保。之后在处理逆党时，齐之鸾又不事株连，多所开释，且上疏陈请轻徭薄赋，以恢复受害地区的民力。凡此均为武宗所采纳。后武宗驻驾南都，逗留不还，齐之鸾又屡请还宫，作《回銮赋》加以讽谏。

齐之鸾立心公正是一以贯之的，对国事如此，对家事亦如此。据传他乡居时，曾在投子山觅得一块墓地，堪舆师看过后，确认这是一块难得的风水宝地，齐之鸾说："既是一块风水宝地，与其让它只造福我的子孙，倒不如让它造福我们这个家族为好。"遂奉移四世先人的棺柩统统葬于此处，而命子孙以后只将自己葬于一旁即可。说来也巧，其后齐氏家族果然出了不少显宦名流。立心公正如此，可真不是一般人所能做到的。

（汪茂荣　撰）

# 方学渐布衣兴教

桐城号称"文都"，桐城文化兴起于明代中期，在清代达到鼎盛，影响中国历史几百年，有"文章甲天下，冠盖满京华"的美誉。桐城文化的兴盛一方面是因为桐城人聪明好学，另一方面也与桐城人重视教育有关。明朝中期，桐城境内讲学之风兴盛，而其中影响最大的当推布衣学者方学渐。

方学渐（1540—1615），字达卿，号本庵，明朝中后期桐城人。方学渐自幼聪慧，勤奋苦读，诗文俱佳，很早就享有大名，但是科场不顺，先后七次参加乡试均告落第，于是毅然放弃了科举之业，潜心治学，并与海内著名学者切磋交流，学问日益精进。他在桐城和池州两地讲学二十余年，名声远播。

方学渐曾受邀至著名的东林书院讲学，当地官员仰慕他的人品和学问，在他讲学结束准备回桐城的时候，县令安排了一艘船专门送他回家，方学渐坚辞不受。当地官员士子认为他不近人情，跟从方学渐的弟子说："我们老师的操守一向如此，不可勉强，我们也从来不勉强劝说他。"

明万历二十一年（1593），方学渐筹集资金，在桐城县城北门创建了桐川会馆。桐川会馆背靠县城，前临龙眠河，主体部分是崇实堂，崇实堂中间供奉孔子牌位，两边供奉着两位对桐城教育发展作出重大贡献的先贤张绪和何唐，另外建有先正堂、尽心斋、养正所和左右室、厕所等。会馆周边栽种桐树和柏树，杂植四季花卉，红花绿树，四时不绝，又在河堤之上插柳数百株，名为"柳坛"。

方学渐在学术上崇奉王阳明的心学，讲学以"致良知"为宗旨，而对于当时社会上流行的各种空幻虚伪的学说则毫不留情地加以抨击。方学渐遵从开门办学的原则，前往桐川会馆求学的，不仅有家乡子弟，还有负笈而来的庐州、舒州、英山、六安等地学子。会馆每个月举行两次小规模的对外讲学活动，每年举行一次规模较大的对外讲学活动，前来参加活动的有桐城本地的士绅、名流、学子乃至普通的父老乡亲，外地学者也时时慕名来此听讲。

从万历二十一年到万历四十三年，方学渐以一介平民的身份，在桐川会馆讲学长达 22 年。受他的影响，桐城各地多有学者结社讲学，使桐城教育得到迅速发展。普通家庭无论贫富都重视孩子的教育，"城里通衢曲巷，夜半诵声不绝；乡间竹篱茅舍，清晨弦歌琅琅"，渐渐地，桐城形成了"穷不丢书，富不丢猪"的优良传统，流风余韵，延续至今。

（舒 林 撰）

# 何如宠兴修茅草堰

在桐城市大关镇何畈村，有一个古老的堰渠叫茅草堰。茅草堰的来历和桐城历史上的一位高官有关，这位高官就是何如宠。

何如宠（1569—1641），字康侯，号芝岳。万历二十六年（1598）中进士，被选入翰林院，授庶吉士，后一步步升迁至礼部尚书、户部尚书，崇祯六年（1633）任武英殿大学士。何如宠为官清正，敢于直言，崇祯三年，崇祯皇帝以"大逆"罪诛杀了抗清功臣袁崇焕，又想要株连袁崇焕家人，何如宠上疏力争，终于使袁崇焕的家人亲友免于灾祸，免死者 300 余口。

何如宠虽贵为达官，但始终关心家乡的民生疾苦。相传万历四十二年，桐城北乡甑山一带发生了旱灾，何如宠上奏万历皇帝请求救灾，皇帝问什么方法救灾最好，何如宠说：只需修一条茅草宽的堰渠，把大关河的河水引入下面的农田即可。当时明朝财政紧张，但是皇帝想一条茅草宽的渠道能花什么钱，就毫不迟疑地答应了。何如宠命人马上回到家乡，在山上找了一根最长的茅草，按照这根茅草的长度，修了一条底宽约 1.5 米的水堰。茅草堰利用地势高度差自然引流，受益地区从此不再受干旱困扰。

古代中国以农立国，而水利是农业生产的血脉和保障，为了合理分配水资源，茅草堰建成之初就制订了一套科学而完备的用水制度。制度规定：每年农历二月初二到九月初九为灌溉期，将灌区分为八片轮流放水。每片放水的时间为一天，从头天早晨卯时到第二天早晨卯时。放水之前先发放水通知，两片之间按时交接。放水通知一旦发出，无论有水无水均不得更改。整个茅草堰灌区内只准在仁和咀干渠内架设一部水车车水。制度出台后，不仅留有纸质档案，还将它刻在石碑之上。这块制度石碑保存至今，只是字迹已有些模糊。

中华人民共和国成立后，政府更加重视水利事业，1976 年，水利部门对茅草堰中部的弯曲渠道进行了裁弯取直和整修拓宽。20 世纪 90 年代，由于大量开采河沙、河石用于建筑事业，大关河的河床明显降低，茅草堰的堰口无法自流引水。1996 年，当地政府将堰口向河道上方延伸了 154 米，并在河道中修建拦水堰坝提高水位。2003 年，当地政府再次对堰坝进行了加固。

今天，当你走进何畈村的时候，眼前平畴如绣，绿树成行，熏风南来，稻浪翻滚，星星点点的农家散居其间，古老的茅草堰依然清流潺湲，造福着这方土地上的人民！

（舒　林　撰）

# 左光斗为国抡才

在桐城中学大门的东侧，有一座“左忠毅公祠”，你知道这位“左忠毅公”是谁吗？他就是左光斗。

左光斗（1575—1625），字遗直，号浮丘，明末名臣，水利专家，“东林六君子”之一。左光斗不畏权贵，疾恶如仇，敢于同黑暗势力作斗争。因弹劾大宦官魏忠贤，他被魏的爪牙诬陷入狱，遭酷刑折磨而死。魏忠贤倒台后，左光斗获平反，“忠毅”是他的谥号。

左忠毅公祠

作为一位名臣，左光斗不仅为官清正，还善于识别人才。万历四十八年（1620），左光斗任畿辅学政，在一个风雪夜微服私访，走到一座古庙时，见厢房里有一个书生伏案而卧，桌上摆着一篇刚刚写好的文章，左光斗将文章拿起来看完，非常欣赏，当即解下身上的貂皮大衣披在书生的身上，然后轻手轻脚地走了出去，并为他掩上了门。问庙里的和尚，得知此人是来参加秀才考试的考生，名叫史可法。到了秀才考试交卷的时候，小吏喊到史可法的名字，左光斗对着他注视良久，当面将他定为北直隶八郡秀才中的第一名。史可法家境贫穷，左光斗聘请他当自己孩子的家庭教师，按月给予薪米，使他不仅能安心读书，还能赡养父母。

左光斗被诬陷入狱后，史可法日夜等在监狱门外，后拿五十金给狱卒，才得以假扮成清理垃圾的人进入牢房。他见左光斗靠墙坐在地上，面目模糊难以辨认，左膝以下筋骨尽脱。史可法跪行上前，抱住老师哭泣，左光斗虽眼睛不能睁开，但听出了史可法的声音，于是尽全力抬起手臂，用手指扒开上下眼睑，目光如炬，怒声呵斥："庸才！这是什么地方，而你竟然来了！朝廷已经糜烂到不可收拾的地步，我已经没有希望了，你要是再被连累，国家大事将来依靠谁呢？还不快点离开，要等着奸人罗织罪名诬陷你吗？"他又摸索着拿起地上的刑具，作势要打史可法，史可法不敢出声，快步退了出去。后来，史可法常常流泪谈起此事，说："我老师的心肠，真的是铁石铸造的啊！"

左光斗死后，史可法逐渐成为朝廷的中流砥柱。在外带兵的时候，军情紧急，他常常几个月不上床睡觉；夜晚将士们休息的时候，他坐在营帐之外，选择壮士十人，令二人蹲坐而背靠在一起，时间久了，轮番替代。冬天晚上站起来活动身体时，盔甲之上冰霜溅落，铿然有声。有人劝他稍作休息，他说："我上恐对不起朝廷，下怕对不起我老师啊！"

清顺治二年（1645），清军南下，史可法镇守扬州，以三千疲弱之卒，对抗清军十万虎狼之师，誓死抵抗，终因寡不敌众，城破被俘，不屈而死。左光斗与史可法师生二人，不仅演绎了一段伯乐相马的佳话，还用义烈和忠诚树立了一座高耸云天的精神丰碑！

（舒　林　撰）

# 张秉文殉节济南城

在桐城市黄甲镇汪河村牌坊山，有一座占地 1 200 平方米的大墓，墓葬的主人是宰相张英的大伯父张秉文。

张秉文（1585—1639），字含之，号钟阳。他自幼聪明过人，十三岁时即考取秀才，万历三十八年（1610）中进士，初授浙江归安县令，后不断升迁。张秉文文武双全，为官廉洁能干。崇祯元年（1628）升任广东按察使司巡视海道副使，当时海盗横行，甚至常上岸攻城略地，杀人越货，百姓不宁，历任官员皆束手无策。张秉文到任后，招募健儿，修造战船，训练水师，激励士卒。接战之时，张秉文亲冒矢石，顶盔披甲立于船头指挥战斗，趁着海雾四起之时围攻敌人，一举生擒海盗头目，广东沿海因此复归安宁。

崇祯八年，张秉文升任山东左布政使。明初朱元璋在地方上设立三司：承宣布政使司，提刑按察使司，都指挥使司，分管行政、监察和军事，布政使是从二品大员，大致相当于今天的省长，山东布政使衙署在省会济南。

崇祯十一年九月，大清国睿亲王多尔衮、克勤郡王岳托等率清兵入关。其中，多尔衮一路自河北青山口南下，绕过北京，连克四十余城，一直打到济南城下，将济南团团围住。在此之前，济南的精锐部队已全部被调到德州去防守，城内只剩下500余名乡兵和莱州的700多名援兵。张秉文一方面拿出俸金招募士卒上城固守，另一方面派出使者外出求救。当时距离济南不远的临清有监军太监高起潜指挥的一支关宁铁骑，德州有山东巡抚颜继祖带兵驻守，但两边都惧怕清兵，观望不前，坐视济南城陷于绝境。

张秉文自料孤城难守，遂给在桐城老家的母亲写了一封绝笔信：“身为国家大臣，自应当死于边疆。老母亲八十岁了，各位弟弟要好好孝顺她。儿子发誓要以身报国，不能够再在您的身边尽孝了！”夫人方孟式亦悲壮陈辞：“夫君为国而死，我也要为夫殉节！”次年正月初二，清兵攻破济南城，张秉文披甲仗剑，带着残兵与入城的清兵展开巷战，身中数箭，死战不退，最终力竭身亡。夫人方孟式和侧室陈夫人亦投大明湖自尽，一家三口同日殉难。

战事平息之后，张秉文三弟张秉彝（宰相张英的父亲）在兵荒马乱之中，千里迢迢赶赴济南，将兄嫂三人的遗榇和羁留在济南的一帮老弱家人带回桐城，最终将兄嫂安葬于挂车河畔的牌坊山。为表彰张秉文壮烈殉国的忠勇，朝廷追赠他为太常寺卿，追赠两位夫人为一品夫人。清乾隆四十一年（1776），清廷褒录前朝忠臣，谥张秉文为“忠节”，并在济南城内建专祠纪念他。

（舒　林　撰）

# 方以智视死如归

“人生自古谁无死，留取丹心照汗青”是南宋爱国诗人文天祥的名句，文天祥用他的生命践行了人生信念。桐城也有一位文天祥式的爱国诗人，他就是明末清初百科全书式的大学者方以智。

方以智（1611—1671），字密之，号曼公，又号龙眠愚者，思想家、哲学家、科学家、文学家，精通天文、地理、礼乐、律数、文字、书法、绘画、琴棋、医药和武术，是“集千古之智于一身”的旷世奇才。

明崇祯十七年（1644），李自成率领起义军攻入北京，崇祯皇帝于煤山自缢。方以智在东华门崇祯帝灵前哭祭之时被起义军抓获，遭到严刑拷打，但始终不屈。不久清兵入关，方以智趁乱逃离北京，回到了南方。

明朝灭亡后，明朝的宗室和忠于明朝的将士们先后在中国南方建立了几个地区性政权，坚持抗清斗争，史称“南明”，方以智也参加了抗清活动。清顺治七年（1650）十一月，清军攻陷广西桂林、平乐，为了搜捕方以智，抓捕了方以智的家人和朋友，逼问他的下落。为了不连累友人，方以智主动走出来见清军统帅马蛟麟。马蛟麟令手下人分立左右两边，左边的人捧着官袍官帽，右边的人手持白刃，让方以智选择——投降马上做官，不投降立即处死。方以智毫不犹豫地走向右边，引颈就刃。马蛟麟一向敬佩方以智的人品和学问，见此情景更加震撼，遂走上前亲自解开方以智身上的绳索，对其礼遇有加，听凭方以智出家为僧，没有再为难他。

顺治九年冬，方以智自岭南北返，途经庐山，有好友举荐他为白鹿书院主讲，为方以智所谢绝。顺治十年，清廷两度逼迫方以智出来做官，又被他断然拒绝。康熙三年（1664），方以智受邀前往江西吉安，在青原山净居寺做住持，在弘扬佛法之余，倾心书画、著述。吉安是文天祥的故乡，方以智专程拜谒了文天祥墓地。康熙十年三月，因受“粤难”案牵连，方以智再次被清廷逮捕，押解广东。十月七日，押送方以智的船只途经江西万安县惶恐滩，四百年前，文天祥战败被俘，元军押解文天祥也曾经过这里，并留下了“惶恐滩头说惶恐，零丁洋里叹零丁”的诗句，而四百年后，方以智屹立船头，纵身跳入波涛汹涌的江水之中（一说病死）。今天，我们无法知道方以智在惶恐滩头时的感想，但是他一定会想起他的精神偶像文天祥吧，他们共同用生命昭示了信仰和尊严的力量，唱响了一曲气壮山河的人间正气歌！

（舒　林　撰）

# 程芳朝万里赴安南

清顺治四年（1647）丁亥科殿试，江南桐城县程芳朝所答试卷受到主考官的称许，甄拔呈给皇上，受到顺治帝的特别赏识，“策对称旨，赏识有加”，拔为一甲二名，即榜眼及第。程芳朝（1611—1676），初名钰，字其相，号立庵。进士及第后，任内翰林秘书院编修，专事《五经》校注。后又任翰林国史院修撰。官至太常寺卿。

康熙五年（1666）秋，程芳朝以侍读学士的身份充任正使，赴安南国（今越南）吊祭已故都统使黎维禔，正式册封黎维禔的儿子黎维禧为安南国王。

程芳朝自长江乘舟西行，转道至安南。仲秋时节，望大江东去水天一色，程芳朝伫立船头，北望京师，临风吟道：“扬子江平八月时，孤帆万里动秋飔。”他奉使西去，使命在身，虽江水平阔却心潮澎湃。一路跋涉，到了河内“外城”馆驿，他不顾旅途劳顿，昼夜操劳。一边“宣畅德威，不亢不抑”，一边和同来的官员住进安南传统民居，和老人们攀谈了解当地习俗，和孩子们一起嚼槟榔，与当地学者一起讨论汉语的应用变化。程芳朝的人品和才学早已为安南人所知晓，此次与之相处，使异域官民更加了解这位使节好学不厌、宽厚待人的高尚品格，安南国朝廷上下都纷纷引他为知己。

使命完成，行期已经结束。相传安南国君臣为酬答程芳朝为国劳苦，争相赋诗饯送，畅叙友情，他一一酬和。而面对友邦所赠送的金银珠宝，他婉言谢绝，赋诗答谢，以明心志。他在诗中写道：“……

携来旧袖清风蒲，采得芳洲兰蕙生。珍重诸公歌折柳，桃花潭水颂深情。”他深知肩负朝廷使命，宣慰大清国恩荣，不容半点疏忽，时刻警醒自己要学古大臣行事做人风格，唯有慎独律己，不卑不亢，方能不辱使命。从安南归后复命，程芳朝升太常寺卿，不久，辞官归里，不再复出为官。

程芳朝为人平易正直，朴素无华，天性纯厚，屏绝园亭丝竹之乐。唯于政务繁忙之余赋诗作书，著有《皇华草》《中裕堂集》等诗文集。亦工书，尤擅长行草，桐城市博物馆现藏有“草堂春暖日迟迟”绢本七律草书诗轴。康熙十五年，程芳朝逝于故里，葬桐城市黄铺（今黄甲镇）倒爬岭山麓，大学士张英题写碑文：“皇清通议大夫榜眼及第詹事府少詹太常寺正卿立庵程老先生墓”。

（李国春　撰）

# 张英最服膺的桐城诗人

张英身为大学士，却最服膺故里隐逸诗人潘江。潘江（1619—1702），字蜀藻，一字耐翁，号木厓，清初学者，著名诗人。潘江生而颖异，十一岁时就考中了秀才，当时的江南学政称他为“宁馨儿”，时人亦誉之为“圣童”。

潘江的母亲是张英姑母的女儿，张英比潘江长一辈，虽然张英是潘江的表舅，但是潘江比张英年长 18 岁。张英后来在《潘木厓诗集序》中说：我从十五岁的时候就跟在潘江的后面，他带我进入文人的圈子，教我作诗为文。所以我读潘江的诗时间最长，却无法感知到潘江才华的边界在哪里。由此可见，少年时的张英受潘江的影响还是很大的。

潘江虽负大才，但科场不顺，因此弃绝了仕进的念头，专注于诗歌创作和乡邦文献的整理。潘江年轻时诗学杜甫，中年后诗风更接近白居易。他一生遍游青、徐、兖、岱诸地，两入京师，泛舟吴楚，所到之处，与海内诗人相酬答。其诗兼杜、白二家之长，名闻海内，被尊为江南文坛领袖。并与同时期的桐城诗人方文、钱澄之等共同创造了清初桐城文学的辉煌，成就了桐城诗歌在清初文坛的影响和地位。

自清顺治五年（1648）秋天起，潘江就开始搜集整理明代桐城先贤的诗歌，历时30余年，编纂成《龙眠风雅》一书。后来又整理清初桐城已逝诗人的作品并编成续集，在康熙二十九年（1690）刊行于世，时潘江已是七十三岁的高龄，因感于来日无多，遂选择自己的364篇诗作缀于卷末，前后两编合成《龙眠风雅全编》，共计92卷，收录作者553人，诗作14 874首，近300万字，为传承乡邦文献作出了巨大贡献。

康熙二十年，潘江于桐城县城西边龙眠山麓买下一块山地，在这里建屋、筑堤、种花，并命名为“河墅”。门楣之上“河墅”二字，由张英亲笔书写并自北京寄回。潘江的弟子戴名世曾描写过河墅的景色：“高台峙其左，古木环其宅……平畴苍莽，远山回合，风含松间，响起水上。”潘江隐居河墅，不慕名利，唯以诗酒自娱，朝廷两次征召他出山入仕，均被他婉言谢绝。康熙四十一年，潘江病逝，张英亲题其碑曰“大诗伯河墅先生潘公之墓”。

潘江命运坎坷，这是他个人的不幸，但他也因此能够专注于诗歌创作和乡邦文献的搜集整理，使桐城先贤的诗文得以保存下来，从这一点上来说，这又是桐城文化的大幸！

（舒　林　撰）

# 姚文然悲天悯人

姚文然（1620—1678），字弱侯，号龙怀。清初名臣，官至刑部尚书。

姚文然自幼即聪明过人。九岁时，作《德风论》，已有抚育万民之志。明崇祯十五年（1642）参加科考，作《凶年饥岁文》，督学金兰阅后大为惊奇，评价说："这简直就是一幅《流民图》！"遂定为第一。

成年步入仕途后，他身虽贵显，而秉性恬淡，一如寒素，唯有志于安民济世，每视民生疾苦若痛痒相关，故常诵一联曰："常觉胸中生意满；须知世上苦人多。"及任刑部尚书，就更加奋发，清理积案，平反冤狱，救活了不少人。常认为刀只能杀人于一时，很有限；用律例则可杀人于万世，那就是无限的了。所以他推明律意，虚心参酌，废除那些偏颇的律例，力求使整个律例体系臻于宽平。部中同僚看后都觉得整理得好，就一致将这套律例称为"姚律"。

其时清朝中央六部皆实行满汉复职制度，设一汉官，必设一满官，满官的地位要高于汉官，故各部大权实际上皆掌握在满人手中，汉官很少有能与之抗争的，大多唯唯诺诺，聊为点缀而已。但姚文然却并不如此，他自有其行之有效的抗争之法。每遇大的案件，只要与满人意见不合，他就默不作声。满人问他，就说："公等观点都不错，但人命关天，不可掉以轻心，应该斟酌一下才好。"至于怎么斟酌，仍含而不露。直到满人反复问，然后才从容地提出自己的意见。而这些意见都是深思熟虑的，故一经提出，即为满人所信服。

正因为姚文然重视人命，具有好生之德，所以每有冤狱平反，他回家即喜容满面。有一次因误在一个囚徒脸上刺字，而深感内疚，回来后竟长跪自罚。由此认识到刑罚酷虐的不可取，而奏请皇帝将死囚的长枷匣床废掉，以免狱卒借机凌虐；又毁掉明代镇抚司所使用的各种酷刑工具，以免后人效法。如此富有人道的做法，赢得了时人的一致赞誉。后人认为姚家之所以人才辈出、簪缨相继，是姚文然积有阴德所致。这虽然是一种迷信的说法，但不也在很大程度上，反映了人们对姚文然所作所为的高度肯定吗？

（汪茂荣　撰）

# 张英家书传佳话

在桐城老城区西隅，有一条鹅卵石铺就的小巷，小巷长不过百米，宽只有六尺，这条普普通通的巷子，就是闻名天下的六尺巷。说起六尺巷，就不能不提到张英。

张英（1637—1708），字敦复，号学圃，晚年号圃翁，清康熙朝名臣、文学家、书法家，保和殿大学士张廷玉的父亲。张英于康熙六年（1667）中进士，授庶吉士。康熙十六年，皇帝设立南书房，张英因为“学问醇谨”而成为第一批进入南书房的大臣之一。以后累迁至翰林学士、礼部尚书，康熙三十八年升迁为文华殿大学士。明朝初年，朱元璋裁撤中书省，废除了延续两千余年的宰相制度，但是宰相的事情还得有人做，明成祖时设立内阁协助皇帝处理政务，后来阁权渐重，内阁大学士成了事实上的宰相。清承明制，内阁大学士居文臣之首，这就是后人称张英、张廷玉为“父子宰相”的原因，而他们在桐城的府第也就自然而然地被称为宰相府。

张英在朝为官时，桐城相府隔壁的吴家要建新房，越界占用了两家之间的空地，张家人自然不答应，于是寄信到京城，希望张英定夺。张英收到家信后，马上给家里人回了一封信，信中只有四句浅显的小诗：

一纸书来只为墙，让他三尺又何妨。
长城万里今犹在，不见当年秦始皇。

家里人读后豁然开朗，一下子明白了应该怎样处理这个问题，遂主动向后退让了三尺。吴家人见此情景，深受感动，也悄悄地让出了三尺，从此张吴两府之间，就形成了一条窄窄的六尺巷。

六尺巷

张英身居高位，不仅没有以势压人，反而劝说家人主动退让，这种恬退隐忍的姿态、宽宏大度的胸怀令人钦敬；而邻居吴家面对相府，毫不畏怯，敢于抗争，这种不卑不亢的精神风骨同样难能可贵。正因为在张家退让三尺之后，吴家见贤思齐，才共同成就了“里仁为美”的千古佳话。

进入新时代以来，桐城市政府为进一步弘扬六尺巷精神，也为了发展文化旅游事业，斥巨资修复了相府和吴府，2024 年春节期间，六尺巷景区已免费对游客开放。而桐城市人民法院针对基层矛盾多、化解难的问题，创立了以“礼让”精神为核心的“六尺巷调解工作法”，成功化解了诸多民事纠纷，成为新时代政法工作的典范。“礼之用，和为贵”，六尺巷故事所包含并传承下来的礼让文化已融入社会主义核心价值观之中，成为中华民族的精神财富！

（舒　林　撰）

# 戴名世被祸文字狱

文字狱是古代统治阶级为钳制舆论，以诗文著述触犯禁忌为由而制造的案件。文字狱历代都有，而以清朝最甚。发生在清康熙年间的《南山集》案是清初三大文字狱之一，其主角就是桐城人戴名世。

戴名世（1653—1713），字田有，一字褐夫，后世称南山先生，著名文学家，桐城文派奠基人之一。

戴名世生于书香门第，自幼喜爱《左传》《史记》等古代典籍，非常仰慕汉代史学家司马迁，以撰写明史为己任，因此从年轻时起，他就很注重收集明朝的历史资料。清顺治元年（1644），明朝灭亡后，明朝宗室在南方先后建立了三个小朝廷：弘光、隆武、永历，史称

“南明”。南明政权坚持了十七八年时间，控制的土地最大时达方圆数千里。戴名世在给他的学生余湛的信《与余生书》中说：“当年南宋灭亡后，南宋爱国将领陆秀夫在广东崖山坚持抗元，所占据的地方仅仅只有一座海岛，存在的时间只有一年，史书上还记载了他们的事迹。南明抗清的影响比前者大多了，可是南明的史事却渐渐湮没在时间的长河里而不为人知，以致当年南明朝廷成败得失的经验教训，爱国将士誓死报国的壮烈事迹，奸臣祸乱朝政危害百姓的罪行，忠臣义士为保全明朝国祚而颠沛流离的艰难历程，不能传之后世……”这封信后来被戴名世的学生尤云鹗收进文集《南山集偶钞》之中。

康熙四十八年（1709）春天，戴名世参加进士考试。会试时成绩第一名，殿试成绩第二名，俗称榜眼，被授予翰林院编修之职，参加明史馆的编纂工作。康熙五十年十月，左都御史赵申乔上疏弹劾戴名世：运用不正当的手段窃取文名，依仗才华而不知自我约束。以前做秀才时，即私自刊印个人文集，毫无顾忌地发表言论，颠倒是非，不合常理。现在已经是朝廷官员了，还不知道痛改前非，销毁文集，这样的狂妄之徒，怎么能让他还在朝廷为官呢？

戴名世因此入狱，刑部官员审查戴名世的文集《南山集偶钞》，因其在《与余生书》一文中，将南明弘光、隆武、永历与三国时期偏居川中的蜀汉、南宋末年退守崖州的宋帝赵昺相提并论，而此时清王朝已经建立全国性政权，写南明事却不奉清朝正朔，遂被定性为“大逆”，最终被处以死刑，好友方苞等三百多人均受到牵连。

戴名世死后，书籍遭禁毁，但是民间仍然有人暗中收藏了他的文章。直到道光二十一年（1841），同乡后辈戴钧衡搜罗他的文章刊刻发行，戴名世的文章才重见天日。惨烈的文字狱禁锢了文人的思想，阻碍了社会的进步，是造成近代中国落后于世界的原因之一。

（舒　林　撰）

# 一代正宗方望溪

方苞（1668—1749），字凤九，一字灵皋，号望溪。清代著名的古文家，桐城派的创始人。

方苞早年在京城，曾与朋友在一起讨论各自的人生目标，方苞说："我的人生目标是，学问品行能紧接程朱之后，文章能介于韩欧之间。"由此可以看出，方苞在做人上，执持的是一种正统的标准；在为文上，执持的是一种正宗的标准。他不但是这样讲的，也是这样做的。通过艰苦的努力，真正将知行合一的精神落到了实处。

在做人方面，方苞一生言谈举止均力求合于礼法，与兄百川事亲尤孝。其父曾说："我身体尚未痛，两个儿子就已经感觉到了；我心未动，两个儿子就知道我需要什么了。"清康熙四十五年（1706）丙戌会试，方苞通过后，尚未廷试，听说母亲有病，就赶紧南归，李光地派人追上挽留，亦不为所动。此后又以母老多病，根据《礼经》的相关规定，在自家宅子西边另筑一屋，居其中专心侍奉母亲三年，期间从不进中门，不入内室。《南山集》案发，方苞被捕，他怕母亲受到惊吓，就同前来抓捕他的江宁县令苏埙一起入室面见母亲，假称奉召入京，事情紧急，一刻也不得停留。直到一年后方苞获释，接母亲到京邸养老，老人家都还不知道有其子被捕这回事。父母离世后，每逢祭日，他即整日不食，年年如此。

在为文方面，方苞最重视"义法"，非阐发儒道、有关人伦风化的内容不作。及有所作，皆根源经史，语言雅洁，风格峻整，纯粹走的是一条春容大雅的正宗之路。早年，古文家姜宸英见其文即大为赞赏，说："此人，我等应让他出一头地！"由此文名大振，甚至传到了皇宫之中。方苞被赦免出狱后不久，某日，康熙皇帝朱谕武英殿总管道："戴名世案内的方苞，学问之优为天下共知，可召入南书房供奉。"随即命方苞撰写《湖广洞苗归化碑》文；过了一天，又命作《黄钟为万事根本论》及赋一篇。每篇奏上御览，康熙即赞赏道："这些文章，就是翰林院老前辈花二十天时间来写，也不可能超过他。"此后，每有御制诗文宣示南斋诸臣，便问道："方苞见到了吗？"与诸大臣讨论本朝的某个文学人才，必说："比方苞怎么样？"不久，又命他与诸皇子游，自诚亲王以下，皆尊称他为"先生"。

晚年，方苞曾作一联挂于堂中，曰："急务莫如存夜气；衰年尤在惜分阴。"正大精严，颇似朱熹集中语，不啻是其立身为文的真实写照。

（汪茂荣　撰）

# 张廷玉代子让科名

在六尺巷景区正门牌坊中间，有斗大的"礼让"二字，世人皆知，这源于张英在处理邻里关系时所发生的礼让故事。其实，宰相张家的"礼让"故事远不止这一个，《清史列传·张廷玉传》中就记载了张廷玉的一则礼让故事。

张廷玉（1672—1755），字衡臣，号砚斋，康熙朝文华殿大学士张英次子，康熙三十九年（1700）进士，雍正年间和乾隆初年任保和殿大学士兼军机大臣，是清代唯一一位配享太庙的汉臣。

雍正十一年（1733），张廷玉长子若霭参加进士考试，顺利进入殿试。殿试是由皇帝亲自主持的考试，参加殿试的士子成绩分为三甲：一甲三人，就是俗称的状元、榜眼、探花，赐进士及第；二甲若干人，第一名称为传胪，赐进士出身；三甲若干人，赐同进士出身。殿试阅卷结束后，阅卷大臣将密封的前十名试卷呈请皇帝审阅定夺。雍正帝看到第五名的试卷时，精神为之一振，认为语言诚恳真挚，见识老成，书法又特别好，要求读卷官重新拟定名次。读卷官会同商量后，将这张试卷评为第三名。等到拆封后，大家才知这张试卷是张廷玉的长子张若霭的。雍正帝十分高兴，派内侍去告诉张廷玉："尔子张若霭取中探花矣！"不料张廷玉闻言甚为惶恐，免冠叩首，请内侍转奏：自己身为朝廷重臣，儿子还年轻，登上一甲，实为不妥。内侍转奏后，雍正帝认为这是拆封前根据文章确定的，怎能随意更改，于是批定名次，命读卷官填写好榜单。

张廷玉处理完当日公事，立即进宫，面奏雍正："天下三年一次大考，十几万读书人，能考中举人的不过千余人。历年的举人来京参加会试，考中进士的不过三百余人。一甲三人虽出自这三百余人中，其实是天下十几万读书人梦寐以求的理想。皇上虽然出于公心，但臣家受恩至重，恩宠和荣耀已到极点，求皇上怜臣一片真心，情愿让出这一甲的荣耀，给予天下寒士。如果君恩祖德保佑若霭，给他留些福分，作为将来上进的资本，也未尝不是美事。"雍正见张廷玉言辞真诚，终于同意了他的请求，将张若霭的名次降为二甲第一名，并亲自写了一篇文章，赞扬张廷玉的礼让美德。

而张若霭也确实没有辜负父亲的希望，不仅为官尽职尽责，在书法和绘画上的成就也非常高，是清中期杰出的书画家、文物鉴赏专家。

桐城先贤谦逊礼让的品质值得我们后人永远继承传扬。

（舒　林　撰）

# 刘大櫆文名动天下

清雍正四年（1726）的一天，在北京为官的方苞接待了一位来自家乡桐城的年轻人，只见这位年轻人满脸络腮胡子，身躯伟岸，气度不凡。年轻人呈上自己的诗文，请方苞指教，方苞一页页地读下去，先是暗暗点头，后来连连赞叹，最后惊喜之极："这是昌黎（韩愈）复出了啊！"这位被方苞称作"昌黎复出"的年轻人，名叫刘大櫆。

刘大櫆（1698—1779），字才甫，又字耕南，号海峰，清中期杰出的古文家、诗人，桐城派代表作家。

刘大櫆生于书香门第，六七岁时就跟随兄长在书塾中读书，十三岁时写了一篇题为《观化》的文章，文章风格极似《庄子》，显现出惊人的才气。但刘大櫆在考场上非常不顺，经历了十次小考，才考中秀才。雍正三年，刘大櫆得到安徽学政的推荐，进入太学读书，到北京的第二年，他带着自己的诗文拜见朝廷高官和京城中的文学名家，众人都对他的文学才华惊叹不已。同乡前辈古文大家方苞尤其欣赏刘大櫆的才华，方苞当时任武英殿修书总裁，是海内公认的文坛领袖，可是方苞自己却说："如苞何足算哉？邑子刘生乃国士尔！"意思是说：像我这样的哪里值得一提呢？我同乡的年轻人刘大櫆才是国家的栋梁之才啊！刘大櫆由此名震京师，师从方苞学习古文创作。然而雍正七年、十年、十三年，刘大櫆三次参加顺天乡试，均以落榜告终。乾隆元年（1736），经方苞推荐，刘大櫆参加博学宏词科考试；乾隆十五年，经同乡大学士张廷玉推举参加明经考试，亦皆以落第告终。纵观刘大櫆一生，在考场之上屡屡折戟沉沙，终生沉沦下僚，郁郁不得志，但是他一生五入京师，又漫游燕赵，中年之后入江苏、湖北、山西等地学幕，与文章大家及名仕公卿交游，人生经历丰富。由此，他世事洞明，人情练达，视野广阔，在文学上取得了辉煌的成就。

清代散文家吴定曾说：古文自南宋就衰落了，直到明朝中期归有光和清初方苞，才止住了这种衰落的趋势，到刘大櫆才真正振兴起来。刘大櫆继承了左丘明、庄子、屈原、司马迁及唐宋八大家的优秀文统，包孕百家之长为己所用，其诗文雄奇瑰丽，铿锵绚烂。刘大櫆一生以教书为业，培养了包括姚鼐在内的一大批诗文名家，是桐城派形成过程中承先启后的重要人物，他的弟子和再传弟子们还创立了桐城派的分支“阳湖派”。相较于刘大櫆一生的辉煌成就，科场上的失意又算得了什么呢?

（舒　林　撰）

# 方观承有知人之明

方观承（1698—1768），字宜田，号问亭，官至直隶总督。

方观承早年历经磨难，阅历丰富，练就了一双识人的慧眼。担任高官后，只要是他看中的人才，就刻意加以培养。任直隶总督时，他很赏识首县县令某君，但不动声色，只是当有大的公事当堂要办时，必提前招呼某君来，命其立在自己座后。事情办完，就命他回署，中间不交一言。一日，方观承与保定府知府某公公余相见，谈及一些琐事，某公也是个有心人，他就乘机请教：“宫保每有公事，即招呼某令来，但又不交一言，这是为什么？”方观承说：“你不知道吗？我现在这个位子，某令以后也有分，我不过是想让他熟悉公事而已。然而这个位子兄以后也有分，当在某令之后。但兄阅历较深，异日当能胜任，只再加努力，就可以了。”十多年后，某令与某知府果然先后均任直隶总督，一如方观承所言。

对于那些材质甚美而有明显性格缺陷的下属，方观承亦目光如炬，因材施教，竭力成人之美。某太守出身名门，一向高傲，到保定总督府参见方观承时，方观承高坐受礼，毫不推让。某太守出得总督府，颇说了一些不满的话。方观承听说后，笑着说：“我为官独当一面二十年，即使簿尉小官叩头我皆谦让不受，怎么会单单于某太守以例外呢？某以宰相之子担任地方官，我怕他盛气凌人，故折折他的锐气，使他对朝廷威仪有所敬畏，从而谦谨内敛，以成就其远大的前途。怎么，他不感谢我还怨恨我吗？”

正因为方观承明于知人，所以他才能长于用人，根据各人的特点，用其所长，就如安放器皿一样，妥帖允当，各就各位。对于敦厚温良的人，他让其去治民；对于精明强干的人，他让其去办理诉讼案件；对于家境较富裕的人，他让其去管理物资供应；对于行动迟缓的人，他让其去从事教育；即使对那些心术不正的狡猾之徒，他亦让其担任一些刺探跑腿工作。一切他心中都有数，赏罚必信，一言必察，不为人欺，不没人长，故人人皆乐于为他所用。

直隶为国家行政的核心区域，事务繁多不易治理，且皇帝每年都要巡幸，要做的往来服务工作极多。又恰逢大军远征伊犁、缅甸等地，军队屡屡过境，需要大量的粮草供应。方观承在任总督的二十余年间，将这一切均安排得井井有条，储备既足，供应亦及时。之所以能如此，除其本身有过人的才干外，与其有知人之明和善于用人也是有极大关系的。

（汪茂荣　撰）

# 姚南青卓尔不群

姚范（1702—1771），字南青，号姜坞。清乾隆年间进士。学者，文学家。姚范一生，无论是为人还是为学，都算得上是位壁立千仞、卓尔不群的人物。

在为人方面，姚范独立意识极强，绝不受任何人牢笼。中进士后，他进入翰林院任职。其时张廷玉秉政，张、姚两家世代联姻，关系亲密，但姚范只以学行自重，从不想依草附木，获得什么好处。同时，他也不广通声气。同年袁枚少年得志，极负才名，曾从京师南归，诸多名士皆赠诗文送行，独姚范沉默不作一语，而其诗文正是袁枚所想要的。故后来袁枚作怀人诗，涉及姚范的一句是“平生著书千万言，临别赠我无一语”，隐隐中透出遗憾的意思。别人热衷于做官，而姚范对此也不感兴趣，在翰林院任职不到十年，即辞官回乡，以教书为业。平时他特立独行，亦绝不受任何人胁迫。居乡期间，有位同年来任桐城县令。一日，有位与姚范关系较亲近的人，因争产业与人构讼，请姚范给县令打个招呼，他屡次婉言相拒，其人含怒而去。此后的一天，姚范正闭门读书，其人忽从屋头跳下，手执凶器，并从怀中掏出数百金扔在几上有声，而后上前说：“我因与人构讼，请求你到县令那里去说句话，为什么坚决不答应？现在你如改变态度，我就以这数百金为你祝寿；如不答应，就要以你的血来染红我的刀子了。”其人说话时，脸色狰狞可怕，且以凶器上下比画着，但姚范仍然看书圈点如故，始终不为所动。其人无可奈何，只得藏器怀金，恨恨而去。

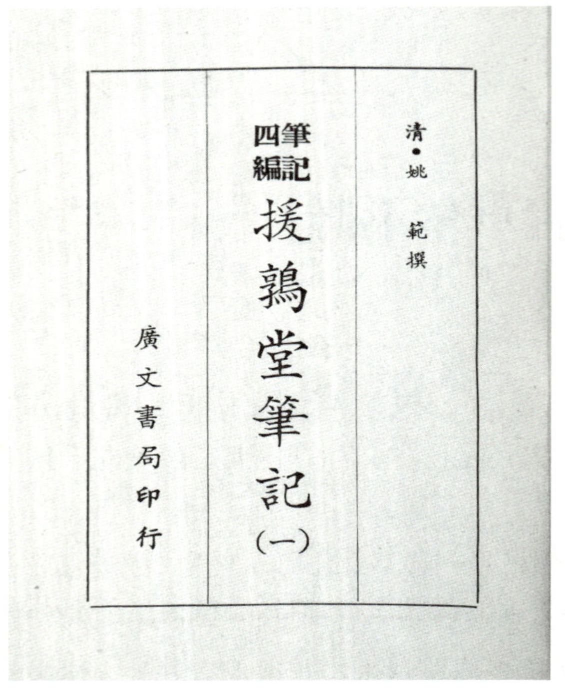
清·姚範撰

筆記四編

援鶉堂筆記（一）

廣文書局印行

《援鹑堂笔记》书影

为人如此，姚范为学亦开径独行，不随人作计。乾隆年间，学术界的主流是汉学与宋学，两派出于门户之见相互攻击，势同水火，谁也说服不了谁。姚范则认为两派各有长短，不可是丹非素，而应兼取两派之长，义理与考证并重。这样的学术价值取向，此后对他的侄子姚鼐产生了重大的影响。

姚范博极群书，自经史百家、地理、小学训诂以至佛道之说，无不淹博贯通。他虽学问渊博，却不好著书，这一点又和别人不一样。有人问其中的原因，他笑而不答。其主要著作《援鹑堂笔记》也不是他自己手订的，而是后来由姚莹等人花了多年的精力，从他所读书的书眉上，过录批语纂辑而成的。

姚范一生学如其人，我行我素，成就甚大，在桐城文化史乃至在整个清代文化史上都有相当的影响。现代大学者钱钟书甚至论定他是桐城诗派的创始人，这个评价就更高、影响就更大了。

（汪茂荣　撰）

# 姚惜抱辞官从教

姚鼐（1732—1815），字姬传，一字梦谷，世称惜抱先生。乾隆二十八年（1763），姚鼐中进士。此后不久，由于刘统勋、朱筠二位高官的鼎力推荐，得入四库全书馆，充纂修官。

当时的四库全书馆聚集了很多汉学家，简直成了汉学家的大本营。这些汉学家竞尚新奇，摭拾奇书僻典，以博自矜，看不上宋元以下的儒家学者，以为他们空疏不学，抨击讥笑，无所不用其极。这使得笃守宋学的姚鼐身处其中，颇有点孤立无援之感。但他并不气馁，仍然据理力争，全面阐明自己的观点。汉学家们虽驳不倒他，但也并不认可他的观点。道不同则不相与谋，兼之"刑官不易为"，故《四库全书》修成，在刘统勋推荐他为御史、已记名的情况下，姚鼐仍决意脱离仕途，以侍养老母为名返乡。

辽东朱子颖与姚鼐同为刘大櫆弟子，二人关系密切。朱子颖当时正任两淮盐运使，听说姚鼐辞官南归，即特意建书院于扬州梅花岭侧，植梅五百株，名之为梅花书院，聘请姚鼐担任主讲。姚鼐应聘，由此开始了其传道授业的人生历程。此后又陆续主讲敬敷书院、紫阳书院、钟山书院，前后达四十年。中间有同乡张某曾对姚鼐转述梁阶平相国的话："若有意重出为官，我可以力为推荐。"但姚鼐不为所动，婉言谢绝，始终以教书育人为业。因之每到一处，士子皆以从其受业为幸，有的甚至不远千里来求学。新城鲁絜非为文名满江西，他始从闽中朱梅崖学文，朱梅崖眼光很高，于当世之文少所许可，独佩服姚鼐文，自以为不如，故鲁絜非又渡江师从姚鼐，并让自己的几个外甥也拜在姚鼐门下学文。其为世人推重，即此可见一斑。

在数十年的教学生涯中，姚鼐打破了门户之见，兼容并蓄，昌明道义，维持雅正。著《九经说》，以沟通义理之学与考据之学；编《古文辞类纂》，以展现古今文体的流变；选五七言近体诗，以明示正雅祛邪的宗旨。由此在学术上自成一派，产生了极大的影响，培养了无数的人才。其中最著名的，有管同、梅曾亮、方东树、刘开、姚莹、陈用光、邓廷桢等。另外还有大量仰慕他而称私淑弟子的，比较知名的有吴德旋、姚椿、毛岳生、张聪咸、曾国藩等。这些人皆以文章称誉海内。

姚鼐自辞官后，数十年读书、教书，舌耕笔耕，道德、学问、文章皆为第一流人物。曾国藩列举三千年“圣哲”，才得三十二人，而姚鼐即赫然名列其中。

（汪茂荣　撰）

# 吴漪澜余事作诗人

桐城历来多诗人，达官显贵、才人仕女、缁流道冠之外，即在贩夫匠工之中，也出了一些诗人，前者如徐翥，后者如吴鳌，即是其中的代表人物。

吴鳌（1739—1799），字龙海，号漪澜。吴鳌自幼聪颖，自六岁起，就从师读《四书》。三年后虽因家贫辍学，而每晚于灯下，仍请其父教读唐宋人及近代名人的诗作，由此很快就掌握了作诗的格律及技巧。父亲逝世后，吴鳌为了谋生，便在练潭街上操起了理发的行当，成了一个靠手艺吃饭的匠人。他白天在狭小潮湿的理发店里，为贩夫走卒服务，夜晚即挑灯读书作诗。其诗笔秀词清，如寒潭秋月，倏然出尘，似不食人间烟火人语。虽然如此，他作诗只为自娱，从不示人，别人也只把他当作一个理发匠，而很少有人知道他会作诗。

吴鳌生性豁达，终生未娶，曾作诗道："浮生不学林和靖，鹤子梅妻累尚多。"林和靖为北宋的一位隐士，一生夫娶，而爱梅爱鹤，即以梅为妻、鹤为子。吴鳌在诗中则翻进一层，意谓林和靖尚有俗累，自己并梅妻鹤子也不要，无牵无挂，岂不更为自在？吴鳌平时好酒，有钱即买酒畅饮，饮则必醉，醉则长吟短咏，琅琅作金石声。闲暇时，每与二三知己，竹杖草履，漫游于横山练水之间，潇洒如魏晋间人。

吴鳌品性高洁，虽只茅屋一椽，柴门两板，却贫而不失其志。六十一岁时病逝，逝世前，他对弟弟吴鲸说："我死，无钱备办棺殓，不能不求人资助。但我生平是不轻易求人的，更不能因死而对人有所亏欠。所以我死后，你要通过劳动所得，还清这些债务，以了却我的心愿。"并预作一诗，自题其墓碣。诗是这样写的："生前一醉浑如死，死后还如大醉眠。落日苍山烟雾里，乱蓬荒冢不知年。"死后，又从他的遗物中搜得一些诗稿，看着这些诗稿，人们既惊叹他的深藏若虚，又同情他的遭遇，就将他葬在练

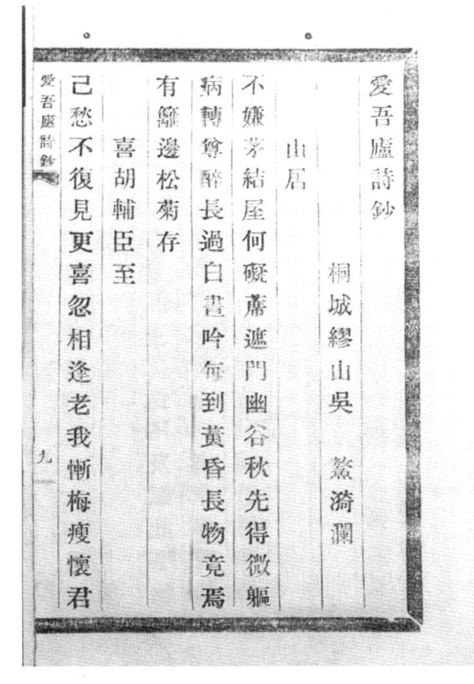
愛吾廬詩鈔
桐城繆山吳鼇漪瀾
山居
不嫌茅結屋何礙蘚遮門幽谷秋先得微軀
病轉尊醉長過白晝吟每到黃昏長物竟焉
有籬邊松菊存
喜胡輔臣至
己愁不復見更喜忽相逢老我慚梅瘦懷君
愛吾廬詩鈔 九

《爱吾庐诗钞》书影

潭的磨箕山麓，墓碣上题有“诗人吴鳌墓”几个大字，并将其自题的墓碣诗一起刻在上面。其弟吴鲸遵从兄长的遗嘱，将别人资助筑坟的钱财数量一一记录下来，一年以后，即逐人还清，没有一点拖欠。

吴鳌的诗集，名《爱吾庐诗钞》，其作品量虽不大，却备受人们珍视，在吴鳌死后曾一再被刻印出版。除此而外，《安徽通志·艺文志》有吴鳌诗集内容提要，《桐旧集》也收有他的诗作。凡此种种，均可见这位坎坷一生的布衣诗人在人们心目中的地位。

（汪茂荣　撰）

# “豆腐总督”汪志伊

桐城的读书人历来是讲理学的。理学注重修身，故读书人走上仕途后，大多成为清官廉吏。其中，汪志伊就是比较突出的一位。

汪志伊（1742—1818），字莘农，号稼门。乾隆三十六年（1771）举人。官至湖广总督、闽浙总督。汪志伊为官清廉，凡巡视所到之处，地方官员只需提供白菜、豆腐及少量猪肉即可，有馈送宴席的，他一律要亲自察看，或拒收，或只收其中的一二种菜肴。他自己在席上则只挑豆腐、白菜吃，而很少吃荤菜。人们见状非常感动，便称他为“豆腐总督”。他听后不但不以为忤，反而非常高兴，认为这是对自己最高的夸奖。

清廉则无欲，无欲则刚。故汪志伊虽身处官场，却能出淤泥而不染，从不攀附权贵。当乾隆后期和珅权势煊赫时，朝臣中多有阿谀奉承之辈，唯汪志伊绝不仰其鼻息，由此大为时人所景仰。

亦唯清廉，才肯将百姓利益放在首位，而诚心实意地为百姓办事。汪志伊对此是深有体会的，认为秉持诚实之心是为官之本，甚至预造一坟墓，取名为“实心藏”，并以“实夫”为号。早年他任霍州知州时，代州人孟木成杀人一案本已成定案，但其弟认为情况不实，鸣鼓呼冤，巡抚遂命汪志伊前往复查。他经过认真调查分析，认为确是冤案，就推翻了原判。但多位原办案人不服，不但拒不执行，而且诉之于钦差大臣。钦差大臣怕众怒难犯，欲维持原判，便严厉斥责汪志伊道：“孟木成为皇上亲自批准判处死刑的案犯，怎能随便开释？你如此胆大妄为，我一定要上奏章弹劾你。”但汪志伊毫不畏惧，大声申辩道：“皇上批准的是有罪的犯人，我释放的是无罪之人。如果一定要滥杀无辜的话，那么我这个官也不当了！”最后在他的坚持下，孟木成终得不死，他亦因此事而声名大震。后来汪志伊任湖广总督时，武汉渡船常于中流勒索渡客财物，他听说后，即便装上船侦查，一见果然如此，于是规定乘渡的费用每人以五文为限。然后将一块瓦交给渡船，上面粘有官印，令渡客注意凡是没有此瓦的渡船就不要乘渡，乘渡后如遇勒索就将瓦打碎，而渡船每日亦必将此瓦呈请官府验看，如无瓦，即受严惩。经过这样一番整治，渡船勒索之弊就此消失。

汪志伊为官四方，建树颇多，声誉极佳。除“豆腐总督”的称号外，还有人称他为“汪白菜”，这大概是指他生活的俭朴和作风的清白吧。而总括他的一生，是完全可以当得上这两个美称的。

（汪茂荣　撰）

# 方东树独“战”群儒

方东树（1772—1851），字植之，学者称“仪卫先生”。著名的作家，学者。曾师从姚鼐学古文，为“姚门四杰”之一。一生著述宏富，其中最为知名的当推《汉学商兑》。方东树之所以撰著此书，是与当时学风的嬗变密切相关的。

清朝建立以后，学术界流行一时的主流学术是“宋学”，尤其是“宋学”当中以程朱为代表的理学。但自乾隆中后期起，在顶层人物的默许下，学术界掀起了一股强劲的批判理学的思潮。随着清廷开四库全书馆，入馆的人物多是些标榜“汉学”的考据学家。这些考据学家提倡向以许慎、郑玄为代表的“汉学”学习，主张用精研小学训诂与名物典制的方式，以恢复六经的本真；并直斥“宋儒之祸甚于秦灰”，理学是“以理杀人”。诚然，理学自有其本身的一些缺点，但它在

《汉学商兑》书影

本质上毕竟是导人向善的。汉学家将其一笔抹杀，未免矫枉过正。由此汉学、宋学对峙，形同水火。宋学阵营虽有姚鼐、翁方纲、程晋芳、章学诚等人的竭力抗辩，但当时汉学已成为一种潮流，势不可挡，他们微弱的呼号，已很难挽狂澜于既倒了。

在这种情况下，方东树拍案而起，他要凭一己之力，改变汉学一体独大的局面，以维护宋学的正统地位。针对汉学家的攻击，他认为儒家的经书犹如优质的禾苗，汉儒做的是耕耘培植的工作，宋儒做的是收获、蒸食、增益人的营养的工作。两者缺一不可。但汉学家只强调了前者，而否定了后者，这样怎么能探究儒家大道，而使人受益、导人向善呢？由此他拈出汉学诸家的种种谬误，以及攻击程朱的相关论点，一一加以辩驳，鞭辟入里，并笔之成书，名之为《汉学商兑》。著此书时，方东树正在两广总督阮元的幕府作幕宾。阮元位高权重，为汉学的一代宗师，其时正组织人在纂修《皇清经解》，受聘担任其事的多是些渊博的汉学家。而方东树在这些人的眼皮底下独著此书，就很有点针锋相对的意味，不啻孤军奋战，虽得罪位望隆重的诸公亦在所不顾。

《汉学商兑》一出，即产生了很大的影响。汉学骤受此打击，气焰为之大挫，虽笃信汉学者，再也不敢轻易诬蔑、攻击宋学了。诚如梁启超所评价的，“方东树之《汉学商兑》，却为清代一极有价值之书”，“针砭汉学家处，却多切中其病”，不啻是“一种革命的事业也”。

（汪茂荣　撰）

# 龙汝言大魁天下

桐城历来文风昌盛，明清两代，读书人由科举登第的，总数居江北第一。尤为难得的是，在清朝的嘉庆年间，还出了一个名叫龙汝言的状元。

关于龙汝言得中状元，说起来很有点传奇性。当他尚未考中举人时，为谋生曾在京城某达官家教书。有一年恰逢嘉庆皇帝万寿庆典，按惯例，凡一二品大臣皆要写些诗、词、文之类，献给皇帝，叫作“小贡”。某达官不善文辞，就让龙汝言代笔。龙汝言接受任务后，就别出心裁地从康熙、乾隆皇帝的诗集中选出大量诗句，集成了一首百韵长诗，进呈了上去。嘉庆皇帝得诗大喜，特召见某达官欲加奖赏。某达官不敢隐瞒，就如实说明了情况。嘉庆说：“南方读书人往往不屑于读先皇诗，此人熟读如此，足见他是诚心爱君的。”当即赏龙汝言为举人，命一体参见会试。可惜此科龙汝言会试落第。会试总裁向皇帝复命，召见时，嘉庆很不高兴地说这一科的文章不好。及出，总裁暗地问近侍：何以这一科文章不合皇上的心意？近侍说：“是因为龙汝言落第了。”于是朝臣都记住了这件事。到了嘉庆十九年（1814）甲戌科，会试总裁揣合皇帝旨意，就将龙汝言录取了。及至殿试，又将他定为一甲一名（状元），然后将密封的名单进呈给皇帝。嘉庆拿到名单后，先拆看了，知道状元是龙汝言后，方才无言。按甲第传呼时，嘉庆且很高兴地说：“呵呵！朕所赏识的人果然没得错。”

龙汝言虽高中状元，但仕途却并不通达，且受过很大的挫折。据说龙汝言幼时孤贫，多赖其岳父照顾方勉强为活，故一生惧怕其妻，而其妻又是出了名的骄悍泼辣。一日夫妻因事吵架，龙汝言避入友人家。其时他正在翰林院任职，恰逢馆吏送来《高宗实录》请其校勘，龙妻接收后也没在意就放在一边。次日，馆吏来取，龙妻就将未经龙过目的稿子原封不动地递还给了馆吏。不久，嘉庆皇帝忽降旨革龙汝言之职。因为在这份稿子上，馆吏竟将“高宗纯皇帝”的“纯”字，误书作“绝”字，而龙汝言却没改过来。嘉庆看后大惊，遂降旨申斥道：“龙汝言精神不周，办事疏忽，着革职永不叙用。”及嘉庆皇帝逝世，龙汝言入宫哀悼，想起大行皇帝对自己的知遇之恩，不禁呼天抢地，哀痛异常。道光皇帝见状认为他很有良心，特起用为内阁中书，授兵部主事，进兵部员外郎。

龙妆言的一生，官做得并不大，政绩也不很显著。但却有文才，书画也很有成就，故在民间还是有相当高的声誉的。

（汪茂荣　撰）

# 姚石甫“单刀赴会”

鸦片战争爆发后，由于清政府的腐败无能，清军丧师失地，节节败退，唯一取得胜利的，是台湾保卫战。其主要领导人，是时任台湾兵备道，加按察使衔的姚莹。

姚莹（1785—1853），字石甫，号明叔。他在嘉庆十三年（1808）中进士后，即步入仕途，先后在福建、浙江等地任职，后调任台湾。

其时英军正步步进逼，形势严峻。姚莹到台湾后，立即组织军民修建防御工事，枕戈待旦，以迎击来犯之敌。道光二十一年（1841），英军曾两次进犯台湾，但均被严阵以待的台湾军民击退。次年正月，英舰载重兵又进攻台湾的大安港，这次较前两次来势更为凶猛。姚莹见状，遂和总兵达洪阿商议道："敌强我弱，不可在海上与其争锋，只能用计将其歼灭。"于是招募一渔民扮成奸细，佯装投靠英军。英军大喜，命其作向导带路。当英舰被带到暗礁林立的土地公港时，很快就搁浅了。姚莹见状，立即带领军民发起攻击，一举获胜，共歼灭来犯之敌近百名，俘获 49 名，缴获大炮十几门及其他战利品无数。经此一战，英军再也不敢轻犯台湾。消息传到京城，道光皇帝下诏嘉奖姚莹，加二品衔，予云骑尉世职。

不久战事停息。某日，英将就释放俘虏问题请姚莹登舰协商，并表示将列队鸣炮恭候。部下认为英人居心叵测，为安全考虑，纷纷劝姚莹不要去，姚莹掀髯大笑道："怎能不去？不去岂不是向英人示怯吗？"次日，就大排仪仗，威风凛凛地登上英舰，并在英将的陪同下，从容地考察英舰上的设备，一路谈笑风生，若无其事。最后同英将饮酒一瓯，尽兴而罢。

但事情至此还没有结束。《南京条约》签订后，不甘心在台湾失败的英将为挽回面子，忽造谣说：姚莹所上报击毁的英舰，其实都是些遭台风袭击的非武装商船。姚莹此前所为显系谎报军情，要求清政府将其治罪。这样一来，恰好给忌妒姚莹军功的投降派提供了口实。在他们的攻击下，姚莹遂以"冒功"罪入刑部狱。但公道自在人心，当姚莹离开台湾时，军民夹道跪拜达二十余里。朝中一些名公巨卿亦深表不满，四处奔走呼号，为姚莹鸣冤伸屈。建宁张亨甫甚至陪同姚莹入刑部狱，最后竟染病而亡。道光皇帝迫于舆论压力，只六日，就将姚莹释出，下旨发往四川，以同知知州补用。

姚莹一生成就甚多，而在台湾率领军民奋勇抗英，无疑是其中最大的亮点。这一亮点千古不磨，将永远彪炳于史册。

（汪茂荣　撰）

# 马通伯有良史之才

在中国近代文化史上，曾有“二姚一马，名闻天下”的赞誉。这“一马”，指的就是马其昶。马其昶（1855—1930），字通伯，晚号抱润翁。桐城派末期代表作家，著名学者。

马其昶少承家学，刻意为古文辞，先后师事方宗诚、吴汝纶、张裕钊三位先生，三位先生对他均极为欣赏，张裕钊且援引欧阳修语称赞道：“老夫当让此人出一头地！”于研习古文以外，少时的马其昶亦爱好史学，对桐城地方史尤感兴趣，并就此向同乡前辈学者萧穆求教。萧穆也很欣赏马其昶，不但精心指导马其昶，还将自己所纂辑的《桐城文征》及《桐城耆旧传、状、碑、志汇钞》编出目录，给马其昶看，说：“以后这些都是要交付给你的！”

中国学术史上有个优良传统，即“文史不分家”。马其昶既工古文，又掌握了丰富的历史文献，文才史笔集于一手，这就为他撰著史学著作提供了有利的条件。而他在史学上的初试身手应属撰著《桐城耆旧传》一书。此书草创于其青年时代，中间历经二十余年的补充、修订、润色，至光绪三十三年（1907）左右方脱稿成书。全书共十二卷，所载上起明初、下讫清末，有名可征的桐城历史名人总计逾九百六十人。马其昶写作此书，本着“赓扬盛美，诱迪方来”的美好情志，广征载籍，抉幽发微。此书在记述先正遗事的同时，还注意探求家风、

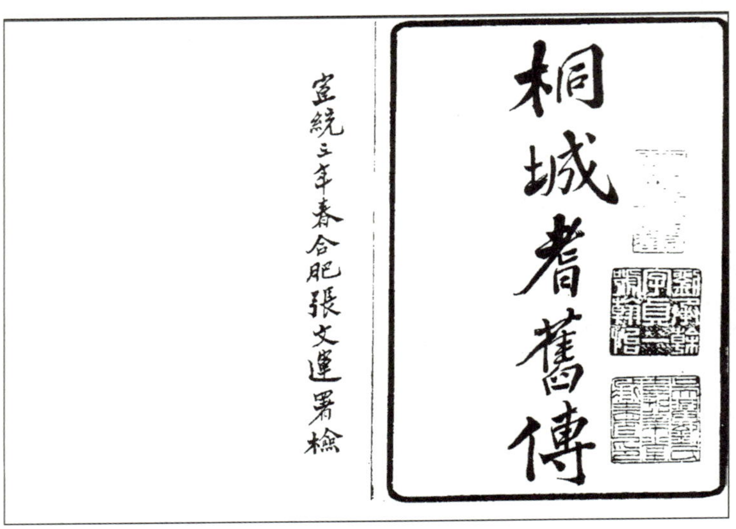
桐城耆舊傳
宣統三年春合肥張文運署檢

《桐城耆旧传》书影

思考政治、研讨学术、表彰气节，是一部资料翔实、可以传信的乡邑文献。诚如他自己所说的，此书“事皆有征，词必己出”。

马其昶进一步大展史学才华，当为入清史馆撰修清史。时在1916年，清史馆馆长赵尔巽聘马其昶为清史馆总纂。而一同聘请的总纂连同纂修、协修在内共有一百多人，这些人大多是科甲出身，自负其进士、翰林身份，并不肯屈居只是区区一诸生身份的马其昶之下。但他们中又多有不通史例、为文芜杂的，这样在具体的撰修过程中，就不得不经常有仰仗马其昶之处。如曾国藩、左宗棠、李鸿章几篇大传，原由另一总纂王树枏撰写，因有些问题，又请马其昶润色。定稿后，馆中同人对马其昶的润色处，都一致认可称赞。故马在清史馆中贡献很多，凡光绪、宣统两朝的列传，均由他主笔撰写。

马其昶终生刻苦好学，晚年每从书房到餐厅就餐，几十步之内，手里还拿着书，边走边念着。一生著述极富，而留给后人印象最深的，还是他的史学著作，尤其是《桐城耆旧传》。

（汪茂荣　撰）

# 吴孟侠舍生取义

桐城在明清两代是个文化大县，不但涌现出许多政治家、文学家、艺术家，而且出了一些革命家。其中，吴越就是比较突出的一位。

吴越（1878—1905），字孟侠。七岁丧母，随父就读塾中。十二岁起，屡应童子试不中，十九岁后，即弃学八股文，唯好读史，经常悲歌慷慨，不能自已。清光绪二十八年（1902），经邑人吴汝纶荐举，入保定高等师范学堂读书。光绪二十九年，得邹容《革命军》一书，反复阅读，由此思想发生了巨大的变化。光绪三十一年四月，邹容因“《苏报》案”瘐死上海狱中，吴越听到这一消息后，不禁悲从中来，当即写一信给章太炎，表达对邹容的敬仰之情。

这一时期，吴越心存排满之志，且这种排满之志，在遇到赵伯先以后，即更加坚决。赵伯先名声，本在金陵任新军标统，因“哭陵”一事，遭清朝大吏猜忌，受到免职处分，遂北走津沽，与吴越相见，纵谈国事，大有相见恨晚之概。吴越将自己所写的《暗杀时代》给赵看，并说：“革命和暗杀互为因果，而难易不同，君为其难，越当为其易。”光绪三十一年七月，他得知清廷拟派五大臣出洋考察宪政，认为这是清廷为巩固专制统治所采取的欺骗和麻痹人民的一种手段，于是即和赵伯先商量行刺方法，伯先见他这样慷慨激昂，临别免不了有些黯然之感。吴越取出了手枪、炸弹，凄然笑着对赵伯先说：“我所求者在实事，大好头颅，拚此一掷，但愿死后，化一我为万我，前仆后继，不杀不休，不尽不止，使国人有所观感。”

他随即潜入北京，暗中查明五大臣出国的具体日期。八月二十六日，五大臣在北京正阳门站登车，即将出发。吴越怀揣炸弹赶往车站，见戒备森严，无法靠近，便急忙买了一套无顶官服，乔装成官方仆从，登上五大臣专列。正要投弹时，机车与列车接轴，车身强烈震动，炸弹落入车厢引爆，只听轰然一声，声震远近，五大臣中的载泽、绍英被碎片伤了手臂，其他诸人则吓得趴在地上不敢动弹。而吴越本人腹破肠流，不幸牺牲。

吴越殉难后，陈尸数日，无人认领。后侦缉人员至桐城北京会馆搜索，始知发难者为吴越。光绪三十四年《民报》临时增刊“天讨号”，首次披露吴越《暗杀时代》一文，由此世人始知吴越为推翻清王朝的专制统治而成仁。辛亥革命后，革命党人寻获吴越遗骨葬于安庆平头山。其故乡桐城县城亦易名为孟侠镇，并创建孟侠中学以作纪念。

（汪茂荣　撰）

# 更啼碧血满江岑

方东美（1899—1977），字珣，现代著名的哲学家，新儒学代表人物之一。而就其一生的行历来看，他还是一位伟大的爱国主义者。这种爱国主义最主要的一个表现，就是在外敌入侵的情况下，他极富一种抗战的情怀，并见之于具体的行动当中。

九一八事变后，日寇步步进逼，民族矛盾日益尖锐。作为一个哲学家，方东美觉得要应对这种民族危机，就应该注意自己民族文化中的哲学，于是将学术研究方向由西方转回东方。他认为一个民族的哲学思想，对于这个民族的自强和御侮有着十分重要的意义。故在 1937

年4月，应国民政府教育部的邀请，在中央广播电台向全国青年演讲中国人生哲学，前后有八次，后来结集为《中国人生哲学概要》，由商务印书馆出版。在演讲中，方东美追怀中华先哲，作狮子吼，以激发民族感情："他们（中华先哲）遭遇民族的大难，总是要发挥伟大深厚的思想，培养博厚沉雄的情绪，使我们振作精神，努力提高品德；他们抵死为我们推敲生命意义，确定生命价值，使我们在天壤间脚跟站立得住。"

七七事变爆发后，蒋中正赴庐山主持召开应对时变会议，特召方东美参加。会上，他即席发言，缕陈抗战方略，力陈民族精神和文化命脉之重要。半小时的讲话慷慨激昂，声泪俱下。

南京沦陷前夕，方东美随其任教的中央大学西迁入蜀旅居重庆，由此开始了长达数年的战时生活。原本就是诗人的他，在经历国破家亡的深刻情感体验后，大量浸透泪水、饱含忧思的诗词即络绎笔下，一发而不可收。在这些诗中，他大量揭露了在日寇铁蹄的蹂躏下，沦陷区所呈现的惨不忍睹的景象："河山惊破碎，天地剧悲辛。""江流吞日夜，烽火毁乾坤。"而在历尽这些艰难后，他并不气馁，对抗战的前途仍充满必胜的信心，笔端饱蘸激情，陆续发出大量彰显中华民族浩然正气的时代强音："投鞭江上断横流，岛夷灭尽烟尘收。""会当乘胜收京国，遍植梅花艳五州。"

抗战期间，方东美虽内迁至大后方，但对沦陷区人民却极其挂念。抗战胜利后，许多人不顾具体情况，纷纷指责沦陷区人民是伪民。方东美听了极其愤慨，怒斥道："当撤退时，你无飞机、无轮船可坐，无火车可乘，所以才留下来，在沦陷区深受日本人的蹂躏。……我们怎么忍心叫他们'伪民'！他们在沦陷区里面为民族而忍受这一种灾难。天下只有伪政府、伪币制，哪有伪人民、伪学生的！"

方东美所拥有的这种抗战情怀，以及对民族和人民的热爱，使得他在现代学术史上壁立千仞，万人景仰。

（汪茂荣　撰）

# 史大化励子抗日

史大化（1869—1942），原名推恩，字恕卿，号大化，清末民初桐城东乡史家湾人。他的父亲史飞鸿做过休宁县训导。史大化自幼随父亲读书，中过秀才。他是个性情外向、敢说敢做的人，好慷慨大言，因此有了“大话”的外号，索性就自号为“大化”。

年轻时，他追随吴汝纶到莲池书院求学，又随他到日本考察，并参与创办桐城中学堂。清末，安庆的革命党活动很活跃。史大化与韩衍、吴旸谷等交往密切，加入孙中山领导的中国同盟会，后组织“青年军”征讨，光复皖省政权。他曾先后担任安徽军政府财政司长、国民党省党部工商部长、省参议等职，曾组织反抗军阀倪嗣冲、反对省议会贿选，并在省议会上为争取国共联合抗战而与省主席李品仙进行过激烈斗争。

1938 年 5 月，日军侵占桐城，并多次派飞机轰炸桐城的城镇、乡村。史大化不顾年迈，奔走呼号，呼吁全民抗战。县城东门外是密集的商铺和闹市，每天早上，他都到东门紫来桥上向过往群众宣讲抗日主张，高高的嗓门引来很多人的围观。皖西南活跃着新四军等抗日队伍，他们依托大别山，不断到桐城、庐江、舒城一带活动。史大化在北峡关开设复兴商店，作为秘密交通站，为他们搜集情报，转移和护送人员。

史大化有八子六女，儿子史伟、史照、史康和女儿史迈、史洛明先后加入共产党武装，投入到抗战的洪流中。史伟和史照在北平大学读书。抗战爆发时，史伟参加了中华民族解放先锋队，史照和史洛明赴延安参加了八路军。史迈、史康尚在中学读书，但史大化仍将他们送到皖东参加了新四军。1938 年，史洛明赴延安时，还是十几岁的小姑娘，主要从事儿童工作。1940 年 4 月 4 日（那个年代的儿童节）前夕，要筹办一场活动，史洛明跑到毛泽东等中央领导家里募捐。活动结束后，她表示感谢，又到毛泽东家里去了一趟，给他戴上了红领巾。毛泽东高兴地跟她聊天，听她汇报儿童工作，亲笔写下“天天向上”的题字交给史洛明，题字下署名“毛泽东”。这份手迹刊登在 1940 年 4 月 12 日的中共中央机关报《新中华报》上。

七七事变后，史伟被派到山东抗日训练班工作，他与史照临别时说：“努力去干，将来到坟墓来看我！”不久，华北沦陷，史伟受命奔赴鲁西北，在馆陶、临清两县农村中发动群众，组建了一支 800 多人的抗日自卫队，在馆、临一带与日军战斗。1938 年春，一天夜里，史伟带领战士到敌防地侦察敌情，突然与日军巡逻骑兵相遇，当即发生激战。史伟自己担任后卫，掩护同志撤退，不幸被捕。敌人将其剥光衣服，以马蹄践踏，绑吊在马后，解入临清城内。敌人用尽各种酷刑，史伟始终没有吐露什么重要信息，只大骂日寇汉奸，不久便被杀害，牺牲时年仅 26 岁。史伟牺牲的消息传到史家湾，史六化正坐在桌旁，含泪起身，仰天大啸：“吾有此子足矣！”

（汪文涛　撰）

# 冲冠一怒是红颜

施剑翘（1904—1979），小字谷兰。现代著名的爱国人士，刺杀孙传芳的女杰。

其父施从滨，曾任奉军张作霖部旅长、军长、山东军务帮办，授陆军上将衔。1925 年，率部南征，以迎战孙传芳的五省联军，不幸在蚌埠陷入重围，全军覆没，他本人退到固镇，遭遇伏兵，战败被俘。孙传芳将他残忍地杀害，首级悬于蚌埠火车站示众。施谷兰时年二十岁，闻讯极为悲痛，立志为父报仇。

但施谷兰只是一个弱女子，要想杀掉一个手握重兵的大军阀，谈何容易。她先是寄希望于一个族兄。这位族兄早年丧父，由施从滨抚养成人，谷兰利用父亲的关系，设法活动让他当上了团长，为报父仇创造条件。但随着地位的提高，这位族兄便只顾个人飞黄腾达，而把昔日承诺置于脑后了。此而不成，谷兰又寄希望于同乡青年施靖公，且以身相许，结为夫妻。施靖公当时虽指天誓日，慷慨激昂，但时过境迁，亦同样食言而肥。

转瞬间已过十年，施谷兰所托皆虚，父仇未报，由此痛感求人不如求己，遂写诗明志：

一再牺牲为父仇，年年不报使人愁。

痴心愿望求人助，结果仍须自出头。

她深感时不我待，并改名“剑翘”以示报仇决心。1935 年 6 月，在得知孙传芳兵败下野寓居天津的消息后，她来到了天津，并为杀孙传芳作好了一切准备。1935 年 11 月 13 日，施剑翘乘孙传芳到佛教居士林诵经之机，化名董慧，以居士的身份潜入经堂，击毙孙传芳。旋即自首，被判刑七年。

施剑翘入狱后，在狱中曾多次接见记者，明确指出：“我不打死孙传芳，他将由我的家仇变为国仇。”随即列举大量事实，说明孙传芳下野后，暗与日本人勾结，阴谋搞华北事变，已堕落为一个十足的汉奸。由此可见施剑翘的侠义行为，在报杀父之仇的同时也是在为国除奸，故深得国人同情。先是皖省驻京同乡会，发电呼吁国民党政府特赦施剑翘。继之妇女界、教育界，也先后发电呼吁。同时冯玉祥也联络李烈钧、张继等要人，向政府吁请，并得到了各报的一致支持。国民党政府迫于强大的舆论压力，遂于1936年10月14日下令特赦施剑翘。

不久抗战全面爆发，施剑翘避地西南，积极投身抗日活动，并决心在抗战胜利后献身教育事业，就此她曾对来访的记者说："人类最伟大的贡献，人生最不可缺少的便是'爱'，所以从民国二十五年出狱后即一心从事教育，爱别人的孩子。"

（汪茂荣　撰）

# 睁眼看世界的桐城先贤

中国人崇尚儒学，传统文明渊源深厚，读书人大多沉浸其中，很少积极关注外部文明。但在桐城先贤中有诸多具有远见卓识的人，他们主动把目光投向外部世界，接纳新文明，甚至走在时代的前列。

方以智就是较早一批接触西方科技文明的人。晚明时期，一些西方传教士来中国传教，同时把天文历法、几何等科技知识介绍到中国，方以智吸收了他们的一些观点。在《物理小识》中，他肯定了西方的地圆说，认为地是圆的，如同胡桃肉，凸山凹海，为天所包。他还根据西方用望远镜观测到的金星有时晦有时明、有时呈上下弦的周相变化，大胆提出金星、水星绕太阳运行的正确猜测。对于传教士的某些说法，他也作出过批判。譬如，他根据自己"光肥影瘦"的主张，对传教士所宣扬的测量太阳直径的方法提出了批评。

姚莹更具有把中国置于世界丛林中的思想意识。清道光以前，士大夫们对外邦的制度、风俗一概莫知，他们自命“天朝上国”，把外邦一律斥之为“夷”，固守“尊王攘夷”的思想。而姚莹在经略台湾、受命西藏等地时，则敏锐感受到所谓“夷人”对国家边海的威胁，他认为，要使中国的百姓都能熟知彼此，才能图取国家安全。他详考边海山川形势、人口风俗及与周边国家的变革源流，编成《东槎纪略》《康輶纪行》，以备将来处理中外纷争时所用。在《康輶纪行》一书中，姚莹还对俄罗斯、莫卧尔、痕都斯坦、大食、英吉利等外邦的地理、国情开辟专论，又绘制《中外四海地图》，使“四海万国具在目中”。

鸦片战争以来，尤其是甲午海战之后，士大夫们不得不关注外部世界，但又常常表现得畏首畏尾。吴汝纶则大胆地拥抱世界文明，认为只有敞开胸怀学习才能救亡图存。他在莲池书院设立东文馆、西文馆，教授日语、英语，便于学习西方文明。清光绪二十八年（1902），他赴日本考察教育，历时四个多月，足迹遍及多个城市和大中小学，详尽记录日本教育方方面面的情况，汇编成《东游丛录》呈寄清廷。这本书被认为是“介绍日本教育制度的书籍中最为详细的”。清政府以此为主要参考，颁定了中国教育史上第一部真正实施的近代教育学制，自此开启中国近代教育之路。吴汝纶还向京师大学堂推荐众多日本教员，使之进入“日本教习”时代，美国有位学者评价：吴汝纶“对京师大学堂的政治和文化身份产生深远的影响。”

东西合璧的学术风尚在朱光潜身上得到了典型的体现。这位出自桐城学堂的学子，青年时代游学英、法，深入研习西方哲学、文艺学著作，晚年撰述《西方美学史》，全面介绍西方美学思想，并与东方美学相交会，形成人文主义的美学观，开辟了中国美学研究的新途径。

（汪文涛　撰）

# 社会荣景

# 桐城名片速览

桐城，如一部厚书，一时难以阅尽。若想概览，不妨通过下面几张书签式名片速览桐城。

这是一座文化之城。桐城是桐城派故里、黄梅戏之乡、院士之乡。近年来，文都桐城努力推动中华优秀传统文化创造性转化、创新性发展，突出以文化人，注重用桐城优秀传统文化凝聚人心、汇聚民力，实现“富口袋”与“富脑袋”同向同步；突出以文塑城，加强历史文化街区的保护和修缮，提升城市历史文化厚重感；突出以文兴业，坚持以文塑旅、以旅彰文，积极培育民宿经济等新业态，把自然景观和人文特质有机融合。先后获得“国家历史文化名城”“中国文学之乡”“全国文化工作先进县（市）”“安徽省教育强县（市）”等国家级、省级荣誉。

这是一座产业之城。凭借“跑遍千山万水、走进千家万户、说尽千言万语、吃尽千辛万苦”的“四千四万”精神，桐城创造了民营经济的辉煌。桐城连续四十余年出台“一号文件”聚焦工业经济，一直致力于传统产业改造升级和新兴产业发展壮大，形成了以塑料包装、制刷制盖、羽绒家纺、输送机械、装饰辅材等为代表的传统产业集群和以新能源汽车零部件、光伏新材料、医工医药健康为代表的新兴产业集群。先后获得“全国县域发展潜力百强县（市）”“全国投资潜力百强县（市）”“全国营商环境百强县（市）”“全国中部百强县（市）”“中国包装印刷产业基地”“中国塑料包装产业基地”“中国农产品加工基地”“中国羽绒家纺名城”“中国刷业城”“全国电商示范百佳县（市）”“全国科普示范县（市）”“‘四好农村路’全国示范县（市）”“安徽省制造业发展综合十强县（市）”“安徽省食品安全示范县（市）”

等国家级、省级荣誉。

这是一座宜居之城。桐城自然禀赋优越，境内有4A景区3个、3A景区3个，全国重点文物保护单位2个，省级文物保护单位10个。林长制、河（湖）长制为绿水青山筑牢制度保障，人居环境整治、城市文明建设打造城乡“高颜值”，移风易俗、文明素养提升塑造全民“高气质”。全力塑形铸魂，建设绿色、生态、宜居桐城，实现人与自然和谐共生。先后获得“全国文明城市”“国家生态文明建设示范区”“平安中国建设示范县（市）”“全国自然资源节约集约示范县（市）”“国家园林城市”“安徽省双拥模范城”等国家级、省级荣誉。

（徐亚红　撰）

# 大布局引领桐城大发展

近年来，桐城市加快融入长三角一体化、合肥都市圈、“大黄山”旅游圈的步伐，实现了城市发展量的扩张和质的飞跃。

突出平台支撑，融入长三角一体化，夯实“硬平台”，优化“软环境”。桐城市政府抓住编制新一轮国土空间规划的机遇，加大桐城经开区扩区、各镇工业集中区扩建、土地增减挂、新增耕地等工作力度，积极拓展产业发展、转移承接空间；聚焦用地指标申报、项目审批等重点难点问题，打造审批事项最少、办事效率最高、投资环境最优、市场主体和人民群众获得感最强的营商环境。

发挥圈带聚合效应，融入合肥都市圈。桐城在共建基础设施、共谋合作发展、共促产业合作、共享公共服务等方面持续发力，实现交通网络互联互通，发挥好南翼门户功能，把融入产业链供应链分工体系放在首要位置，主动为合肥头部企业提供产品配套；充分利用深厚的文化积淀和众多的文物遗存，全面拓展文化传承载体，加快推进孔城旅游码头、鲟鱼小镇等项目，重点打造红色主题游、山水休闲游、文化研学游等精品线路，加快推进全域旅游，实现与合肥都市圈文旅产业深度融合，建设都市圈生态文旅示范区。

全面融入“大黄山”旅游圈。桐城抓住安徽省委、省政府建设大黄山世界级休闲度假康养旅游目的地的机遇，作为在“大黄山”最初规划中的18个县（市、区）之一、北端核心区域、“大黄山”5座国家历史文化名城之一，立足丰厚的山水人文资源，以融入“大黄山”、加强国家历史文化名城保护利用为引领，推动文旅项目提质增效，2023年获得“大黄山”专项资金1 223.6万元。如今，六尺巷景区全面开放，方以智故居、姚莹故居正式开放，文庙尊师礼仪等活动丰富多彩；文旅赋能乡村振兴如火如荼，裁襟励子文化园在嬉子湖畔传承“爱与诚信”，中国富锌小龙虾之乡、生态采摘体验园、文化传承研学基地等星罗棋布。桐城已成功入选“长三角高铁旅游小城”。

徜徉在日新月异的桐城城乡之间，自然人文的熏陶如阵阵春风拂面一般，令人神清气爽，游弋在桐城的故事里，有着无尽的愉悦感。

（彭昆生　撰）

# 七省通衢的现代版

“抵天柱而枕龙眠，牵大江而引枞川”，这一经典名句写的就是古有“七省通衢”之称的桐城市。

桐城，位于长江北岸，接江趋淮，交通便捷，地理位置十分优越，既是合肥都市圈的南翼门户城市，又是皖江城市带承接产业转移示范区。这块皖西南交通枢纽和承东启西的通达之地，已成为“七省通衢”的现代版。

四通八达的桐城高速公路如同动脉血管，为强健的肌体提供了源源不断的动力。德上、合安、沪武高速贯穿全境。G0321 德州至上饶高速公路在境内主线全长 28 千米，经过大关镇、吕亭镇、孔城镇共 3 个镇 17 个行政村；G4221 上海至武汉高速公路在境内主线及支线总长度为 60 千米，“一纵”（合安高速）“两横”（德上高速、沪武高速）高速公路网真正形成，民众自驾走高速公路出行更加便捷。

随着 2020 年 12 月 22 日合安高铁正式投入运营，桐城迈入“高铁时代”。桐城东站、南站是京港（台）高铁的重要组成部分，目前开行的班次自桐城能到达上海、南京、南昌、杭州、苏州等国内大城市，远期可直达北京、香港等地。2023 年，桐城站、桐城东站、桐城南站三站最高单日到发量达 11 000 人次，全年旅客到发 165 万余人，货物运输量约 40 万吨。经由京九铁路东侧分流线合九铁路，每日途经合九铁路桐城站的客运、货运列车近 20 班次，可直达北京、上海、广州等城市。目前，桐城境内有普速铁路 54 千米，高速铁路 45 千米，为推动桐城区域经济发展和文旅事业持续高质量发展，奠定了坚实的交通基础。

桐城位于江淮运河与长江交汇处，水运可由菜子湖过枞阳船闸直达长江。随着引江济淮工程的竣工通航，桐城充分依托江淮运河这一经济运输通道，加快沿河产业发展，着力提升城市经济体量和循环水平。桐城现已有 5 家水运企业，62 艘船舶，载重量达 165 517 吨。江淮运河桐城段区域自菜子湖 K26 至桐庐搭界处夏庄桥，全长约 28 千米，规划 2 030 米港口岸线，其中 630 米规划为货运生产性码头岸线，1 400 米规划为旅游客运岸线。

在航空方面，桐城距离合肥新桥机场约 149 千米，距离安庆天柱山机场约 72 千米，每天都有近 10 个班次的大巴往返两大机场，极大地满足了旅客的航空出行需求。纵观市内，城乡道路联网连通，“四好农村路”建设水平不断提高，城乡公交全面覆盖。

北宋黄庭坚有诗云：“诸山何处是龙眠，旧日龙眠今不眠。”通江达海，七省通衢，这是桐城的交通优势，也是桐城作为全国文明城市和国家历史文化名城的底气，更是桐城建设更加开放、文明、包容社会的坚实阶梯，桐城的改革创新发展必将进入更加广阔的新天地。

（程向军　撰）

# “六尺巷工作法”名扬天下

“一纸书来只为墙，让他三尺又何妨。长城万里今犹在，不见当年秦始皇”。清代名臣、文学家张英的这首《让墙诗》让出了六尺巷，被人们广为传颂，其中蕴含的谦和礼让、和为贵精神传承至今，影响着一代又一代桐城人。

改革开放以来，桐城基层组织将六尺巷典故“礼让”精神引入到纠纷调解工作中，引导矛盾双方对标先贤，弘扬“以礼为先，以让为贤，以和为贵”的文化内涵，启迪广大群众传承互谅互让、强者先让、让他三尺又何妨的做人美德，在消弭大大小小的纷争中收到奇效。

2015 年，桐城法院为缓解“案多人少”矛盾，将六尺巷“礼让”精神融入诉讼调解，推出“六尺巷调解法”，其核心在于以借古喻今为切入点，用六尺巷典故启发人；以辨法析理为着力点，用情理法交融引导人；以化解矛盾为关键点，用和为贵理念感化人；以公平正义为根本点，用知进退境界昭示人。

“六尺巷调解法”主要运用“听、辨、劝、借、让、和”六步操作规程化解矛盾、定分止争。即：一是“听”，倾听双方当事人陈述，有话当面说清说透；二是“辨”，释法明理，明辨是非；三是“劝”，引导当事人参观“六尺巷”文化墙，聆听“六尺巷”故事，进行劝导；四是“借”，借古喻今，借力调解；五是“让”，强者先让，互谅互让；六是“和”，解决争议，握手言和。通过操作规程，使“六尺巷调解法”成为可复制、可借鉴的工作方法。

2021 年，为适应基层治理体系和治理能力现代化要求，桐城市委、市政府将“六尺巷调解法”提质升级，创新推出以“源头治理、多元共治、和谐共享”为工作体系，以“矛盾不上交、平安不出事、服务不缺位”为总体目标，以“党建领事、礼让和事、群众说事、多元解事、网格管事、群力防事”为基本内容的“六尺巷工作法”，构建了基层治理的新格局。

“六尺巷调解法”写入十四届全国人大一次会议工作报告，“六尺巷 六步走调解工作法”获评全国新时代“枫桥经验”先进典型，作为全国 31 个“枫桥式”工作法之一，入展枫桥经验陈列馆。陈文清、周强、贺荣、陈训秋、郑栅洁、韩俊、梁言顺等领导先后对此工作法予以批示和肯定。“六尺巷工作法”写入 2024 年安徽省省委常委会工作要点、安徽省 2024 年政府工作报告。桐城市先后获评“平安中国建设示范县（市）”“全国信访工作‘三无’县（市）”等称号，连续 15 年荣获“省级平安县（市）”。2024 年 6 月，“六尺巷工作法”被全省推广。2024 年 7 月 5 日，“六尺巷工作法”与中华优秀传统法律文化研讨会在桐城成功举办。

2024 年 10 月 17 日，习近平总书记来到桐城六尺巷考察。总书记指出：“人民内部矛盾要用调解的办法解决。六尺巷体现了先人化解矛盾的历史智慧，要作为弘扬中华优秀传统文化的教育场所，发挥好中华民族讲求礼让、以和为贵传统美德的作用，营造安居乐业的和谐社会环境。”让“六尺巷工作法”名扬天下，成为全国基层治理工作的一张亮丽名片。

一条巷子，一个故事，一种文化，一套工作法。“六尺巷”是中华民族“以和为贵”思想的生动写照，它不只是一个景点，更是桐城文化的重要载体。它的“宽”不是宽在“六尺”上，而是“宽”在人们的心灵境界上。

“六尺”于心，桐“和”无界！

（吴问银　撰）

# 饮誉江淮的民营经济

日常生活中，常见人们手上拎着大小不一、颜色各异的塑料袋，全国塑料袋中三分之一的市场份额便来自闻名天下的塑料包装基地——桐城双港、新渡两镇和双新经济开发区。

每逢佳节品尝美酒时，你是否知道，无论是“国酒”茅台还是桐城老酒，上面那一个个款式不同的防伪瓶盖，绝大多数产自瓶盖之乡——桐城大关镇。

当你在白雪皑皑的冬天拥有一件保暖舒适且透气性好的羽绒服（被）时，你是否了解，这温暖的感觉可能就源自桐城古老的吕亭驿。

而这些，只是桐城民营经济铺天盖地发展的精彩缩影。得益于改革开放的政策春风和深厚文化底蕴的滋养，文都大地乡镇企业如雨后春笋般异军突起，形成了以“吃尽千辛万苦、踏遍千山万水、走进千家万户、说尽千言万语”为内核的“四千四万”创业精神，涌现了以丹凤、金光、攀登、白兔湖、鸿润、盛运、美祥、霞珍等为代表的一批中国驰名商标；形成了金神、孔城的汽车零部件和输送机械，吕亭等地的绿色环保家纺服装，范岗的制刷，青草的口罩、手套等卫生防护用品，唐湾、黄甲的烟草机械，大关的制盖及蛋鸭养殖加工等一镇一品、特色鲜明的集群经济。桐城市民营经济已形成“七七七八九”的贡献格局，即贡献了全市七成左右的税收、地区生产总值、科技创新成果，以及八成以上的城镇劳动就业、九成以上的市场主体数量。

“十万大军跑推销”。政府每年出台推动乡镇企业的“一号文件”，重奖“有功之臣”，为推销员披红挂彩等，成为省内外新闻媒体关注的热点和当地发展经验的“口头禅”。而兴起于20世纪90年代末的一场声势浩大的产权制度改革，更是让全市数千家乡镇集体企业一夜之间脱胎换骨，变成了民营企业，其强劲发展势头可用“忽如一夜春风来，千树万树梨花开”来形容。桐城由此被称为“安徽的温州”，进入经济发展快车道，成为全省经济发展的“排头兵”“领头雁”，连续多年跻身全省十强前列。“桐城模式”也得到经济学界和省委、省政府的充分肯定。2000年7月，全省个体私营经济发展大会在桐城市隆重召开。

进入新时代以来，桐城民营经济发展开辟了广阔的新天地：向园区集中，与央企合作，培育上市，转型升级，打造产业链，发展新质生产力。与此同时，国家级桐城经济技术开发区聚焦“两新一医（同）”新兴主导产业，通过“内搭平台、外联老乡”招大引强，依托国轩、中建材、中核桐源等核心企业培育民营经济发展新动能、新引擎。2023年，中建材浚鑫入围全省制造业企业“亩均效益领跑者”名单，中建材新能源被认定为国家级专精特新“小巨人”企业。

桐城市明确了“一手抓传统产业转型升级，一手抓新兴产业发展壮大”的工业发展思路，以“工业互联网+双碳”为方向，加速制造业向高端化、智能化、绿色化转型。在桐城的传统产业中，绿色包装产业被认定为国家级中小企业特色产业集群；节能环保产业、汽车零部件产业被认定为省级县域特色产业集群。

数字时代，工业互联网的赋能为产业链的发展按下了加速键。桐城民营经济在产业变革中抢占制高点，抓紧转型升级，积极引导“企业上云”“设备换芯”“生产换线”“机器换人”，让传统产业进一步提质增效；金田新材料、顺彤包装、百世佳等龙头企业带动新企业入驻，数字经济、人工智能、5G等新兴产业蓬勃发展……产业“转”的步伐在提速，“新”的动能在积蓄，“聚”的平台在强化，“好”的气势在升腾。

民营经济蓬勃发展40年后的今天，当你再次迈入这一方热土，你会被眼前的标准化花园式厂房、数字化车间、智能化工厂、技能大师工作室和院士工作站所吸引，你会惊叹“两头在外，全靠脑袋”的桐城民营企业家们的睿智和胆识。

（欧阳健子　撰）

# 科技翅膀助力桐城发展

桐城科创工作起步早、发展快。1978年，桐城在全省率先开始实施“星火计划”和“科技兴县”战略，先后被评为全国科技进步先进县（市）、全国科普示范县（市）、国家知识产权强县工程试点县（市）、首批省级创新型县（市），入选全国第二批创新型县（市）建设名单。

桐城市科技创新以人才招引为抓手，深挖院士资源。为支持院士创新平台建设，对于新建国家重点实验室给予500万元经费补助，新建省部共建国家重点实验室在运营期内每年补助50万元。桐城依托20余位中外院士资源，累计建成省级院士工作站4个，指导合作企业累计申请专利31项；积极推进院士专家科创园建设，承接院士及相关人才团队科研和生产项目落地；常态化开展“院士家乡行”“院士大讲坛”等活动，邀请桐城籍院士把脉桐城发展、交流项目线索、共话乡友情谊。中国工程院院士彭寿发挥“院士效应”，助力引进6个新能源产业项目，总投资188亿元，推动在桐设立功能材料检测研究中心。同时，桐城用足博士资源，瞄准国企央企、上市公司、头部企业、知名高校和科研院所，在桐开展高新技术研发、专利等成果转化，已有10个项目成果转化落地。今后5年，桐城将面向省内外高校、科研机构，聘请100名桐城籍博士挂任企业科技副总，推动产才融合，解决企业的关键技术难题。

截至2024年，桐城已涌现132家高新技术企业，新增5项省级以上科技计划项目，14项高新领域关键核心技术，有4家省级企业研发中心、5家省级博士后科研工作站、18家省级企业技术中心、10家省级工业设计中心、5家省级技能大师工作室、6家科技特派员工作站、5家省级科技特派员示范基地、6家国家级创新（服务）平台、66家省级创新（服务）平台。促成了合肥工业大学与海盾投资控股有限公司等共建安徽省水泥基材料低碳技术工程研究中心，中国科学技术大学与安徽金田高新材料股份有限公司共建安徽省绿色软包装材料创新中心，上海交通大学与安徽驭风风电设备有限公司共建新能源智能创新联合实验室。安徽微威胶件集团有百余项创新专利，发明专利占三分之一，牵头并参与10项国家标准的编写；伍小平院士工作站开展减震研发，近三年研发项目达16个，成功研发的变刚度磁流变智能减震技术获得安徽省科技进步二等奖，高阻尼复合隔声材料获得安徽省科技进步三等奖。同时还涌现了安徽金科印务有限责任公司、安徽香杨新能源科技发展股份有限公司、安庆汇通汽车部件股份有限公司、安徽攀登集团等一大批科创型企业。

2024 年上半年，桐城高新技术产业产值同比增长 23.6%，高新技术产业产值占工业总产值比重达 68.9%。科技创新，为桐城工业高质量发展插上了腾飞的翅膀。

（王孝峰　撰）

## 聚集新质生产力的经济园区

在桐城市区东部，一片崭新的城区正成为城市发展的新亮点。高楼林立，标准化厂房鳞次栉比。这里就是桐城“智”造的主战场，国家级桐城经济技术开发区。目前，全区注册登记企业 3 900 余家，“四上”企业近 400 家，国家高新技术企业 99 家；先后荣获“省级印刷包装产业园”“安徽省新型工业化产业示范基地（环保装备）”“安徽省知识产权示范园区”“安徽省央企合作示范基地”“国家级绿色园区”“全国数字化转型先进示范园区”“国家中小企业特色产业集群”等荣誉称号。

近年来，桐城经济技术开发区全面融入长三角一体化，立足上海都市圈、南京都市圈、武汉都市圈、合肥都市圈“四圈”交汇的区位优势，抢抓珠三角先发地区产业转移和国家新能源战略机遇，积极推动传统产业转型升级。安徽金田高新材料股份有限公司获批“国家级制造业单项冠军企业”，成为安庆市首家获此殊荣的企业；安徽攀登集团打造了国内首例自主研发设计的运输机械自动化生产车间；安徽金科印务新厂区采用屋面分布式光伏发电装置，阳光充裕时可一天发电 10 000 多度，降低了用电成本；配置 RTO 环保设备及无尘恒温洁净车间，实现了绿色转型。2023年7月桐城经济技术开发区成功举办传统产业转型升级暨产需对接大会，聚焦产业链供需协作堵点、卡点，缩短产业链配套半径，实现供需精准对接。桐城经济技术开发区还围绕塑料包装、装备制造等传统优势产业，积极招引产业链上下游企业，不断延长、壮大产业链条，先后招引上市公司南王科技、诚宇包装、伍洲包装等产业优质项目。在装备制造产业，先后引入智森科技、赛贝尔智能装备、北玻臻兴等优质企业。

桐城经济技术开发区全景

近年来，桐城经济技术开发区明确招引新能源汽车零部件、光伏新材料、稳定同位素（医工医药）等新兴产业企业。汽车零部件产业链条基本形成。开发区围绕合肥、芜湖、安庆整车配套开展链上招引，近三年共招引汽车零部件产业项目20个，总投资351.25亿元，引进培育了国轩新能源、合众汽车、启泰传感器、荣徽科技、联创电子、旭阳花蕾等新能源汽车零部件优质企业，形成了涵盖汽车动力电池、电机、电驱、传感器、毫米波雷达、摄像头模组、汽车内饰件等较为完备的汽车零部件产业体系。光伏新材料产业生态日益完善。开发区立足安徽打造先进光伏和储能产业集群大省定位，近三年来招引了光伏新材料项目11个，总投资248.5亿元，涵盖了光伏玻璃、电池片、光伏组件、支架等产品体系。中玻新能源产业基地、中环 TOPCon 光伏电池片生产基地两个百亿大项目先后落户开发区。稳定同位素（医工医药）产业初具规模。开发区谋划依托中核集团稳定同位素项目，打造国内最大的医药同位素研发、制造基地。各类疾病筛查、精准用药分子诊断产品，以及体外筛查诊断类医疗耗材、检测产品生产和制造企业也正集聚成势。近三年，开发区招引稳定同位素（医工医药）产业项目 5 个，总投资 16.5 亿元。未来五年，桐城经济技术开发区将聚力打造汽车零部件、光伏新材料、绿色包装产业 3 个 500 亿级产业集群，其时已至、其势已成、其风正劲！

在桐城经济技术开发区，高效便捷的营商环境名片被不断擦亮。开发区成立行政审批局，设置政务服务大厅，实现一窗咨询、一窗受理、一窗出件；制定出台一系列支持企业科技创新、股改上市、产学研合作等惠企政策；与金融机构建立常态化对接机制，组织银企对接会，针对省级及以上专精特新企业，推出在线审批、纯信用“科创 e 贷”服务，提供覆盖全生命周期的金融生态支持；在全省范围内率先启动智慧园区建设，凭借物联网、大数据与人工智能技术的深度融合，成功打造智能化数字指挥中心。该中心整合园区近 30 个业务系统，实现了“一网统管”的便捷、高效管理模式，还集成了综合执法、政务 OA、在线申报审核、精准匹配政策、服务诉求直达等多项功能，为园区管理、精准招商及企业服务提供强有力的数字化支撑。

在桐城经济技术开发区，科技创新带动“虹吸效应”加速释放。据统计，全区有国家级众创空间、星创天地、国家级高技能人才培训基地各 1 个，省级及以上研发平台 47 个，其中国家级质检中心 1 家，安徽省院士工作站 1 家，安徽省博士后科研工作站 4 家。以院士专家科创园为代表的创新平台正在加速布局，建成后，开发区将通过引进院士等拔尖领军人才、创建具有国际水平的产业环境等方式，形成高科技产业集聚基地。

（陈　先　撰）

# 和美乡村“扮靓”桐城大地

绿树掩映，曲径花墙，小桥卧波，锦鲤戏水。此情此景，你认为说的是城市公园还是乡村农庄？

在大关镇何畈村江圩组，村民们吃过晚饭，不约而同地来到家门口的小广场，伴着动感的旋律，尽情地跳起了广场舞。2022年，江圩组村民在何畈村“两委”的带领下，组织起来，筹钱出力，清污除杂，植树种花，将家园变成“花园”，成为大关镇乡村治理的榜样，也是全市和美乡村建设的一个缩影。庄子里的每一棵古树，每一条乡道，都是见证者。

村庄的变化是循序渐进的。自2015年国家提出“打赢脱贫攻坚战”以来，桐城市不断加大基础设施建设力度，农村发生了翻天覆地的变化，涌现出一大批省市级和美乡村中心村。党的十九大提出乡村振兴战略，党的二十大提出“建设宜居宜业和美乡村”，这里便有了美丽乡村建设的提档升级。桐城市围绕党的二十大战略部署，成立“千万工程”工作推进小组和工作专班，扎实推进具有徽风皖韵特色的和美乡村建设。截至2024年12月底，桐城先后完成184个中心村建设，其中省级中心村124个，安庆市级、桐城市级中心村60个，三次获评全省美丽乡村建设先进县（市）。杨安、山明、蒋潭、尧天、汪洋五个和美乡村精品示范村建设正在扎实推进，一镇一品、一村一景的和美乡村如雨后春笋般层出不穷。“四好农村路”四通八达，城乡公交串村联网，山村路灯亮若繁星，安全饮用水直达厨房，林长制、河（湖）长制守住绿水青山……村庄如画，宜居宜业，美丽乡村消解了远方游子的乡愁。

走进范岗镇杨安村，在现代农业智慧产业园里，无土栽培的番茄藤蔓沿着温室支架攀爬，村民们在园区里忙忙碌碌，兴旺的产业灿烂了一张张幸福的笑脸。来到唐湾镇蒋潭村，中共桐怀潜中心县委第一次代表会议旧址、翠萍家庭农场的有机稻梯田、五聚岭下的雾聚茶谷民宿和生态有机茶园为蒋潭增色不少，村民的脸上写满了自信和自豪。前往双港镇山明村，在瀚琳别院、桐城文园—明经书院，品尝物质和精神的"旅游大餐"，别有一番风味。

黄甲镇石窑村的小菌菇撑起产业"致富伞"，让昔日的贫困村蝶变为安徽省"一村一品"示范村；大关镇百岭村高摆组由乡贤引领、村民自建，形成"高摆经验"进行推广；嬉子湖镇珠檀村结合省级非遗文化，建成裁襟励子文化园、渔业文化馆等特色景点，成为宜居宜游乡村的样板……

望得见山，看得见水，记得住乡愁。一座座"产业和兴、人才和聚、文化和盛、生态和居、治理和谐"的和美村庄灿若群星，在桐城大地上闪烁、璀璨。

（疏泽民　撰）

# 小乡村牵手大市场

"今天是徽英食品公司周年庆……我准备了灯光音响，也准备了啤酒龙虾，还有拔河等许多游戏，今晚六点，我在徽英食品厂等你哦。"2024 年 5 月 20 日，徽英食品有限公司主播张大娘在直播平台上向网友们发出邀请。"桐城张大娘"可是响当当的"网红"，她的直播间有粉丝 10 万人，一个月直播销售额能达到 15 万元。

张大娘在腌制莴笋、豇豆、辣椒等咸菜上很有经验，受人喜爱。2021 年，张大娘和她的团队按照食品生产经营标准改造金神镇塘桥村闲置小学校舍，投资近百万元建设了标准化咸菜制作车间，购置了生产与冷链设备。张大娘的公司收购附近村民每年种植的莴笋、豇豆等，还吸纳了一些当地村民务工。和张大娘一样，在桐城农村通过直播销售和短视频带货做得比较好的还有“桐城老农夫”“粑婆”等。其实，桐城市较有规模的企业同样青睐电商，如蜂献蜂业有限公司近两年借助于短视频、直播带货，通过多元化的应用场景使消费者更加直观清晰地了解产品。

在农村电商刚刚兴起时，桐城市就敏锐地抢抓了这一新业态的发展先机，先后筹资建设电商公共服务中心和物流配送中心。市电商公共服务中心位于桐城电子商务产业园，主要提供信息咨询、政策发布、电商培训、人才孵化、品牌培育等服务。桐城现有 4 个县级物流配送中心，涵盖中通、韵达等 9 个快递品牌。全市实现物流快递统一分拣，物流资源整合率逾 60%。还在全市 195 个村建起了电商服务站，覆盖率达 100%，为村民提供代买代卖、快递收发、代缴代支等服务，保证了工业品下乡和农村产品进城渠道的畅通。

桐城电子商务产业园（电商大厦）是桐城经济技术开发区兴源路上的地标性建筑，目前进驻各类电商企业 100 余家。走进 20 000 平方米的电商产业园，你会看到一个个穿梭忙碌的年轻身影，听到他们不断进行电子商务交流的声音。走进三楼的展示馆，霞珍家纺、桐城锌米、小花茶叶等一批本土特色品牌的产品让你目不暇接。为了更好地服务于外贸高质量发展，2020 年桐城市以全省首个“飞地”模式在合肥市庐阳区设立桐城跨境电商产业园，为桐城本地印刷包装制品、劳保卫生用品、机械制造配件、家纺服装等打开了“出海”新通道。在三年时间里，桐城已孵化跨境电商企业超百家，2023 年跨境电商交易额近 3 亿元。

作为“国家电子商务进农村综合示范县（市）”“安徽省农村电商

示范百佳县（市）”，桐城市目前有2个“中国淘宝镇”、2个“中国淘宝村”、5个“电商示范镇”及不少电商示范企业等。乡村振兴，离不开电商助力！

（方云龙　撰）

# 特色农产品“鲜活”启程

桐城全市现有73.9万亩耕地，已建成58.72万亩高标准农田，占全市耕地面积的79.45%。目前，全市有59家“三品一标”认证企业，117个认证产品，其中绿色食品66个、有机产品36个、无公害农产品14个。全市现有地理标志产品5个（桐城小花、桐城桔梗、龙眠山茶油、桐城水芹、天萙大米），名特优新农产品10个（桐城大米、桐城小花茶、桐城丰两优香一号大米、桐城水芹、桐城淮猪、桐城鸭蛋、桐城茶油、桐城百花蜜、桐城香菇、桐城黄栗粉），“皖美农品”品牌5个（“草青山”“小花荭”“龙眠山”“天萙”“桐城小花”）。

桐城人文荟萃，物产富饶。这里自然条件优越，农业资源丰富，有天然富锌土壤，得天独厚。桐城市以“文都锌品”为品牌，着力打造“中国锌谷”，已开发13个品类的富锌农产品。

桐城锌米，为您带来“珠圆玉润米饭香”的美好生活。桐城是鱼米之乡，桐城锌米晶莹剔透、清香可口，锌含量比普通大米高两倍以上。无论是清香的米粥、可口的米饭，还是韧劲十足的米面，都可以它为原料加工而成。全市已建成6万亩富锌水稻标准化基地，有18家富锌粮油绿色食品认证企业。“桐城锌米”获安徽名优农产品交易会金奖，“天莊大米”获评“皖美农品”，“青草香”“双福”等品牌的锌米畅销全国。

桐城小花，为您带来“轻煮时光慢煮茶”的恬静时光。桐城小花是“安徽十大品牌名茶”、地理标志产品，它从重峦叠嶂、幽兰遍野的龙眠山中走来，以“质不减龙井”跻身于“贡品”之列。无论是午后的一壶“浮光白”，还是睡前的一盏“小花茳”，一缕兰香始终萦绕在唇齿之间。全市现有茶园 7.1 万亩，年产干茶 690 吨。

桐城鸭蛋，为您带来“鸭蛋白嫩黄心肥”的惊艳感受。桐城是蛋鸭之乡，是安徽省最大的鸭蛋加工地，已形成养殖加工销售和废弃物利用全产业链，无论是在网上商城，还是在大型商超，酥软溏心的松花蛋、红心流油的咸鸭蛋一直是万千顾客的优选。在桐城，以诚友蛋品为龙头的鸭蛋加工主体有 10 余家，日加工鸭蛋 400 万枚，年产值达 12.5 亿元。

桐城羽绒被，为您带来“锦衾自暖不觉寒”的贴心陪伴。桐城是“中国羽绒家纺名城”，无论是在春寒料峭的夜晚，还是在寒风凛冽的清晨，轻盈蓬松、柔软透气的桐城羽绒被为千家万户送去温暖，已成“被盖天下”之势。全市现有羽绒类中国驰名商标 3 个、安徽省著名商标 8 个。以鸿润、霞珍两家国家级农业龙头企业为代表的羽绒加工企业 20 余家，年产羽绒被 1 000 万条、家纺产品 1 800 万件，加工产值超 60 亿元，产品远销多个国家和地区。

（董　博　撰）

# 土特产品慰乡愁

“一寸故土一寸思，半生风雨半生离”。吃过年饭，放完元宵节的

丰糕

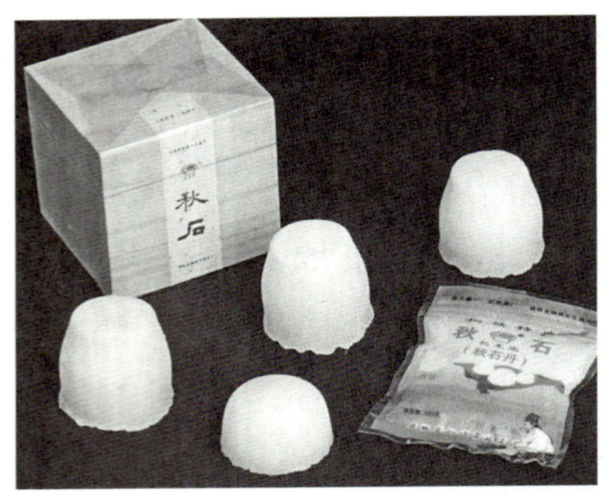


秋石

烟火，在外打工的游子就得动身去往异乡了。临出门时，汽车后备箱、行李箱、背包里，都被亲人塞满了土特产：桐城小花茶、桐城卤茶干、桐城火烘肉、桐城丰糕，甚至连刚掐下来水淋淋的水芹和夏天解暑的秋石也放进去了，一是为馈赠好友，二是为慰藉乡愁。

桐城山水深秀，物产丰饶，丰糕在饮食文化中占有重要地位。据史书记载，早在明朝时期，桐城就有了制作丰糕的技艺。丰糕洁白如霜、松泡绵软，糯而不黏的口感，甜而不腻的味道，让人回味无穷。桐城丰糕不仅美味可口，还具有丰富的营养价值，既能补中益气，又可健脾养胃。寓意吉祥的桐城丰糕，在重要的喜宴上更是一道不可或缺的佳肴，它象征着美满幸福、长寿安康。

火烘肉是一道传统美食，在桐城几乎家家户户都会做。火烘肉的食材和用火都很讲究，在烘烤时，须加入桐城小花茶，茶叶香气随着炭火沁入肉中，别有风味，做出的火烘肉外脆里嫩、肥而不腻、瘦而不柴，既可大快朵颐，也可细嚼慢咽。

大关盛产的桐城卤茶干选用优质大豆，以茶叶、桂皮、小茴香等十几种天然材料为卤料，再佐以当地的山泉水手工制成。茶干色泽酱红、对折不断，再配以辣中回甜的蘸酱，吃一口，顿觉齿颊生香。

桐城水芹是目前安徽省蔬菜类唯一有国家地理标志的产品，主要产于文昌、石河等村的泉水田，尤以泗水桥水芹品质最佳。水芹可作小炒主料，加入切细的肉丝和豆干、粉条，口感脆嫩，清香扑鼻。

秋石，又名盆秋石、秋石丹，以中药材和食盐为主要原料，加入山泉水，经高温炼制而成，是桐城传统的地方药物名产，具有补虚利尿、滋阴安神、去暑解热等功效。

桐城小花茶产于桐城市北部山区。相传明清时期，桐城茶被作为贡品，特贡朝廷。桐城小花茶于每年谷雨前开始采摘，选一芽二三叶，肥壮、匀整、茸毛显露的芽叶，经摊放、杀青、理条、初烘、摊凉、复烘、剔拣、提香等工序精制而成。成茶芽叶完整，外形舒展，干茶色泽翠绿，汤色清绿晶亮。因采茶时山间兰花开放，香气沁入茶叶，故名桐城小花。

土特产是乡土资源孕育的地域产品，也是一个地方独具一格的重要标志。一个个特而优、特而美、特而强的桐城土特产，既承载着桐城人无法割舍的乡愁，也创造了广阔的消费市场。

（李树侠　撰）

# 引江济淮谱新篇

引江济淮工程是一项跨长江、淮河两大流域的战略性水资源配置和综合利用工程，沟通了长江、淮河两大水系，从根本上解决了皖北和豫东地区水资源匮乏的问题。工程供水范围涉及皖、豫两省 15 市 55 县（市、区），总面积 7.06 万平方千米，其中安徽省 13 市、46 县，总面积 5.85 万平方千米。工程于 2014 年立项，至 2023 年建成通水通航，历时十年，可谓“十年磨一剑”。

引江济淮工程在桐城市经过鲟鱼、双港、金神、嬉子湖、孔城、吕亭等6个镇33个村，全长43千米，总投资47.64亿元，总工期36个月。2019年6月，桐城段主体工程开工，2022年12月，主体工程完工，完成了鲟鱼泵站船闸主体工程、菜子湖疏浚工程和孔城河河渠工程，以及复东大桥、新河大桥两座新建桥梁工程等。2023年9月16日，引江济淮工程航道菜子湖线试运行，江淮运河南北全线贯通。

引江济淮工程是国家重点工程项目，对桐城市保障灌溉用水、改善生态环境和沟通水运交通有着重要意义，同时将有效带动沿线乡镇高质量发展。因此，桐城市委、市政府高度重视，从一开始就积极谋划融入，全力做好服务保障。建设之初，征迁任务十分繁重，市政府成立引江办，抽调专人办公，桐城段安置工程总计投资8.97亿元，共建设5个集中安置点，总建筑面积40万平方米，总安置户数1 407户。经过三年奋进协作、攻坚克难，桐城段安置工程圆满落下帷幕，金河、桐溪、桐梓、晴岚、桐心家园安置点全部竣工交付，安置住宅质量高、配套齐，有效改善了当地人居环境，促进了社会和谐稳定，实现了征迁群众的“安居梦”，为顺利推进引江济淮工程打下了坚实的基础。

引江济淮工程孔城段

引江济淮工程经过的菜子湖流域是候鸟的重要栖息地。为了保护候鸟栖息地环境，引江济淮工程专门增加1.5亿元投资，对航道进行了优化设计，并且在候鸟越冬期间停止航运5个月，以保护候鸟及湿地生态环境。在引江济淮工程孔城河入口处，大批鸟类在此栖息和繁殖，这里已经成为鸟类的天堂。引江济淮工程不仅是南水北调要道，贯通南北的黄金水道，更是一条生态绿道。“一河清泉水、一道风景线、一条经济带”的美好图景正在一步步成为现实。

为全面、有效地发挥引江济淮工程的效益，推动区域经济发展，自2020年下半年起，桐城市积极与上级部门沟通，综合谋划引江济淮桐城段二期项目，包括桐城港区综合码头、桐城·鲟鱼·水镇、孔城旅游码头建设及菜子湖沿线生态保护等。

站在渠首小镇鲟鱼镇的交通桥上，可以看到滚滚长江水从脚下流进菜子湖，万里晴空下，碧色的河水蜿蜒而去，似玉带飘荡，似长龙起舞。两岸的生态护坡紧紧“拥抱”着宽阔的河面，目之所及，清波荡漾，百鸟飞翔，一艘艘货轮穿梭往来，络绎不绝，展示了这条运河的一派勃勃生机与和谐之美。

（陈　俊　撰）

## 绿电点亮金山银山

当你走进桐城市唐湾镇杨树村和黄甲镇汪河村，安徽桐城抽水蓄能电站便赫然在目。

抽水蓄能电站，一般在电力系统电力富余时，用电网的富余电力抽水到高处储存，在电力不足时放水发电，能实现“储能—发电—备用”，在电网中承担着调峰、填谷、调频、调相、紧急事故备用等任务。

桐城抽水蓄能电站项目是国家“十四五”重点能源建设项目，属一等大Ⅰ型工程。项目总投资72.56亿元。建设工期70个月，2028年建成投产。电站由上水库、输水发电系统、下水库、开关站、管理区、对外及场内连接道路等建筑物组成。电站装机总容量1 280兆瓦，包括上水库系统、厂房系统、水道系统、下水库系统。上、下水库均由扩挖填筑而成，库容分别为1 177.8万立方米、1 187.7万立方米，大坝均为混凝土面板堆石坝。

上水库位于唐湾镇杨树村胡冲沟，主要建筑有挡水大坝、环库公路、库岸防渗、防护等。大坝坝址位于库区南侧，坝顶高程545.0米（防浪墙顶高程546.2米），最大坝高109.5米，坝顶长557米，坝顶宽10米。

下水库位于南冲河中下游黄甲镇汪河村和唐湾镇杨树村河段。挡水大坝、溢洪道、导流泄放洞构成了下水库的独特景观。下水库大坝，坝顶高程186.0米（防浪墙顶高程187.2米），最大坝高80.0米，坝顶长300米，坝顶宽8米。

桐城抽水蓄能电站

2021 年 5 月，电站工程“十一洞四路四挡三桥一房一平”开工。2024 年 3 月，水库工程和输水系统等土建主体工程开工。计划 2026 年首台机组发电，2028 年底全面投产。建设期可年增加地方财政收入约 1.5 亿元，提供各类就业岗位约 3 500 个；运行期每年可稳定增加地方财政收入约 1.2 亿元，并带动当地商业、旅游业配套发展。

项目承担安徽及华东电网调峰、填谷、调频、调相和紧急事故备用等任务。该项目对于优化安徽电力系统电源结构，进一步改善电网供电质量，提高安徽及华东电力系统应急能力，维护电网安全、稳定运行，将起到重要的保障作用。

工程建设征地面积 4 000 余亩，拆迁房屋面积 36 000 多平方米。两村房屋拆迁户积极配合完成拆迁工作。2023 年 9 月 23 日，汪洋安置点摇号分房，232 户 868 人喜迁新居。

电站投运后，能在提高电网调峰能力、优化电源结构、促进地方经济发展等方面发挥重要作用，且为特高压电网大范围优化配置资源，实现碳达峰碳中和目标提供有力支撑，有利于真正实现“绿水青山就是金山银山”的目标。

（洪叶高　撰）

# 绿水青山就是金山银山

桐城的山屈曲盘桓如青龙，故以龙眠为名；山下的河水如白龙蜿蜒，也以龙眠为名。一山一水，一青一白，绵亘逶迤。

远山如黛，近水如碧。滨河公园、西郊公园、木鱼山公园等散布其间，如翡翠、玛瑙般装扮着小城；大沙河、嬉子湖、菜子湖、颂嘉湖、仙龙湖，宛如一条条绿色的丝带，将小城的过去与未来紧紧相连。

连绵的龙眠山，绿茶遍野，果树一望无际，禽畜漫坡；辽阔的嬉子湖，碧波千顷，荷花竞相绽放，鱼虾满仓。这里寸寸土地皆为“聚宝盆”，这里绿植棵棵都是“摇钱树”。

近年来，围绕创建国家生态文明建设示范区、打造生态宜居城市，全市上下勠力同心，持续打好蓝天、碧水、净土保卫战，生态环境质量持续改善，小城环境优美，空气清新，蔚然成为宜居宜业的美丽家园。聚焦“增绿、护绿、管绿、用绿、活绿”总目标，桐城市立足林业重点工程的实施，大力开展植树造林和森林培育工作，建有龙眠山省级森林公园、嬉子湖国家湿地公园，还创建了 11 个省级森林城镇、96 个省级森林村庄，有 5 个国家级森林乡村、2 个全国生态文化村。

茶产业是桐城市的传统产业和特色产业，是农民增收致富的“钱袋子”，也是乡村振兴的支柱产业。桐城小花种植面积逾 7 万亩，一年总产能达到 690 吨，综合产值达到 12.5 亿元。桐城还有 10 万亩的油茶和薄壳山核桃，以及 8 万亩的花卉苗木基地，不仅增加了农民收入，还扮靓了山坡，美化了环境，优化了生态。1 000 余亩的南方红豆杉中药材基地，已被打造成集生态种植和养殖、乡村休闲旅游、康养医养结合、科普研学活动等系列产品研发为一体的现代农业产业园。

近年来，桐城充分利用当地资源优势，大力发展种植业、养殖业，稻渔综合种养、林下养殖、蛋鸭养殖、生态渔业颇有规模。建成富锌水稻标准化生产基地 6 万亩，年产富（含）锌大米 2.4 万吨。稻渔综合种养面积已达 14.5 万亩、稻渔种养水产品产量达 7 400 吨，成功实现了农渔互利双赢。林下养殖兴起于青草镇，有 5 家规模化养殖企业，80 余家养殖户。桐城市蛋鸭养殖以大关镇为中心，经过多年的发展，已辐射到周边十余个镇，现常年存栏量约 60 万羽。金神镇在发展生态渔业上做文章，除了建设淡水鱼养殖基地外，还围绕现有水域资源，打造小龙虾特色养殖加工产业链，水产养殖面积 2.25 万亩，养殖产量 8 860 吨，一产产值超 2.5 亿元。

绿水青山就是金山银山。桐城始终秉持保护优先，推进生态文明体制改革，将菜子湖沿江湿地、龙眠山森林公园、嬉子湖水产种质资源保护区全部纳入生态保护红线，生态区域完整性不断加强，还积极探索“两山”转化路径，把生态优势转化为经济优势、发展胜势。如今的桐城，山区林区变景区，田园家园变乐园，举目满眼绿，移步皆为景，“充耳莺啼蛙鸣，扑鼻四季花香”，一幅幅天蓝、水清、山秀的画卷尽现眼前。

（李树侠　撰）

# 教育——桐城的亮丽“名片”

凡言桐城，必提及桐城的文化和教育。桐城文化底蕴深厚，桐城教育源远流长，素以“穷不丢书，富不丢猪”为训。明清之际，“重读尚文”之风渐盛，“城里通衢曲巷，夜半诵声不绝；乡间竹林茅舍，清晨弦歌琅琅”便是昔日桐城教育风貌的真实写照和生动诠释！厚重的书香氛围催动着恢宏的文化景象和浩大的文学声势不断萌生，逐渐形成“天下文章出桐城”的文学奇观。

“想过去文章甲天下冠盖满京华，看今朝人文重崛起再度领风骚”。伴随新时代铿锵前行的步伐，桐城的崇文重教之风更加浓厚，教育事业发展高潮迭起。近年来，桐城教育秉承先贤的遗风惠泽，坚持教育优质均衡发展，全力打造教育品牌，建设教育强市，全市教育呈现出百舸争流、千帆竞发的蓬勃气象。现有各级各类学校125所，其中高等院校1所、普通高中5所、十二年一贯制学校1所、九年一贯制学校8所、中等职业学校4所、初中29所、小学47所、公办幼儿园30所。

办学条件呈现新面貌。2022—2024年，桐城市的教育支出累计达37.87亿元，年均增长6.2%；新扩建义务教育学校15所、新增学位3 800个；完成22所标准化学校、56个“薄弱环节改善与能力提升”项目、136套教师周转房建设任务；建成31所农村义务教育学校塑胶运动场；64所学校完成数字化校园网络标准化建设，“在线课堂”使用率达97.74%。

教育治理构建新生态。桐城市成功组建13个义务教育办学集团校，13个幼教集团园，“本土型”教育集团化治理体系基本建立；15个市县级城乡联合体教研工作坊成功建立，“名校+”“共享+”办学模式进一步夯实；在全省率先推行专业化校车运营模式，累计投放66辆校车，开通83条运营线路，惠及1 685名学生；“1530”安全教育模式在安徽全省乃至全国得到推广。

教师队伍激发新活力。制定出台《桐城市公办义务教育教师交流轮岗暂行办法（试行）》等师资队伍管理改革方案4套，实现386名教师轮岗交流；建设4个名师名校长工作室、29个乡村首席教师工作室；教师队伍中1人获全国表彰，11名一线教师入选省级表彰和培养计划，评选出39名“文都名师”。

办学能力提升新高度。桐城市普惠性幼儿园覆盖率达95.45%，学前普及普惠水平显著提高。“双减”政策得到有效落实，开发5个六尺巷等主题传统文化课程，开设黄梅戏戏曲表演、智能机器人设计等40余种个性化课后服务课程，培育各级“家教家风实践基地”37家，建成16处研学基（营）地、17处劳动教育实践基地。桐城中学两次入选“北京大学博雅人才共育基地”，为高等院校输送了大批优秀人才。江淮工业学校等 3 所中职学校相继通过 B 类标准学校验收。10 所学校获国家级或省级命名表彰，76 名学生在省级以上学科竞赛中获奖，3 名学生在安庆市科技创新大赛中获“安庆市青少年科技创新市长奖”。

桐城人文勃兴，源远流长。在这片代有英才出的土地上，教育必将浩浩如长江，注之不盈，汲之不竭。

（何立春　撰）

# 健康桐城建设展新颜

让群众看得上病，看得好病，不断满足群众日益增长的美好生活需求是卫生健康事业追求的目标。桐城市围绕“强龙头、活基层”思路，致力于推动县级医院强起来，基层医疗机构亮起来，通过合理布局、重点推进，让市镇村三级医疗服务网络日益织牢，群众获得感、幸福感不断提升。

县级医院步入发展快车道。在经开区，有一片格外引人注目的白色建筑群，那就是崭新的桐城市人民医院新区。新区总投资 8.6 亿元，按照三级甲等医院标准建设，占地 12.15 万平方米，设置床位 1 200 张、临床科室 35 个、医技科室 12 个、病区 25 个，是一所集医疗、教学、科研、康复于一体的花园式三级综合医院。该院为上海同济医院桐城分院、安徽医科大学第一附属医院和第二附属医院、中国科学技术大学附属第一医院医联体单位，国家级胸痛中心和省“防治卒中中心”成员单位。腔镜诊治中心、肿瘤综合诊治中心、心血管病诊治中心等重点专科技术水平领先省内同级医院水平。2023年年底，该医院与安徽医科大学第二附属医院开展合作，每周18个临床学科专家来桐坐诊并开展手术带教。桐城市中医医院为二级甲等中医医院，是国家中医药文化宣传教育基地、省中医药大学教学医院，安徽医科大学附属医院、安徽中医药大学第一附属医院、中国科学技术大学附属第一医院医联体单位。其糖尿病科是国家中医药重大疑难疾病糖尿病临床防治分中心；其脾胃病科为省“十三五”重点专科；其骨伤科、脑病科为省中医药管理局重点专科。2023年5月，总投资2.1亿元的桐城市中医医院搬迁改扩建工程正式启动。

基层医疗机构活力不断提升。建成新渡、大关两个县域医疗次中心，配齐CT、DR等大型诊疗设备，首个乡村120急救点投入运行；唐湾、双港卫生院加入安庆市中医院、合肥华安脑科医院医联体，掀开基层卫生院与上级医院合作共建新篇章；14个基层医疗机构启动“日间病床”试点，新增床位200余张，基层服务能力和规范性得到提升，群众就医负担明显降低；完成206个村卫生室标准化建设，配齐诊断设备和信息化终端，村医办公条件和待遇得到有效改善。

名医工作室特色专科不断发展。挖掘合肥、北上广等地家乡名医“富矿”资源，建成市人民医院、市中医医院、省荣军康复医院、爱普眼科医院和基层名医工作室10家，有效引进优质医疗资源，让群众在家门口就能享受到高质量的医疗服务；以点带面打造基层医疗机构“一院一品”，已挂牌儿科、中医科、口腔科3个具有一定影响力的基层特色专科；建成17个中医馆和22个村级中医阁，全市中医药服务能力不断得到强化。

民营医疗机构发展百花齐放。全市民营医疗机构发展各具特色、优势互补，群众多层次、多样化就医需求得到满足。有各类个体诊所和门诊部62家，华鑫、爱普、美德、仁爱、仁胜等民营医院特色鲜明，桐城口腔医院于2024年4月建成运行。安盛、达康透析中心运行规范。

卫生健康事业的发展关系到千家万户的福祉，下一步桐城市将继续以能力建设为重点，以重点专科、医疗服务次中心建设为抓手，不断优化医疗服务体系布局，促进县级公立医院高质量发展，努力提升群众获得感、幸福感和安全感。

（吴　旦　撰）

# 留下味蕾记忆的桐城美食

桐城美食众多，如桐城水碗、桐城米饺、桐城丰糕、桐城鱼饺、桐城蒿子粑、桐城朝笏包油条等，每一种都令人垂涎欲滴。来到桐城，除了能领略深厚的桐城文化底蕴外，还能品尝一些舌尖上的美味佳肴，留下深刻的味蕾记忆。

早晨，你可以吃桐城米饺。当一盘晶莹剔透的米饺被端上桌，瞬间香味四溢，夹起一个，不粘筷子，入口也不粘嘴。桐城米饺吃起来爽而不腻，香醇可口。

中午，你可以品尝桐城水碗。桌上摆满了做工考究、花样丰富的水碗，一半是汤水，一半是用鸡、鸭、肉、鱼、粉条等做成的菜肴，清香飘逸，直入咽喉，让人胃口大开。这些水碗的独到之处在于汤水，都由鲜汤提味。每一席水碗，从色彩的美感，到入口的香、黏、脆、甜、鲜、酥、滑、嫩，再到青菜豆腐汤，以不油不腻的清爽口味结束，让人意犹未尽。席间还有国家地理标志产品桐城水芹，清香脆嫩、味道鲜醇，余味甘甜，让人大饱口福。最后上桌的山粉圆子烧肉，黏

非遗水碗折骨肉

而不稠、油而不腻，爽滑可口，让人忍不住叫好。

下午，你可以在小店铺买几个桐城蒿子粑。还未入口，蒿子的清香就会扑鼻而来；咬上一口，香气溢满口腔，让人食欲大增。蒿子粑酥软中有筋道，细滑里有清香，越嚼越绵软香甜，越嚼越有滋味。因春时人们会采摘很多蒿子，将其拧干放入冰柜储存，蒿子粑现在四季都可以吃到了。

傍晚，你可以品尝预约好的桐城鱼饺。鱼饺以新鲜鱼肉为皮，把肉包裹在里面，成形后下锅煮好，再放入由鱼头和鱼骨熬成的浓汤中，煮上几分钟。鱼饺鲜香入鼻，口感细腻，使人欲罢不能。

桐城的美味，一天是品尝不完的。第二天一早，你还可以去六尺巷附近的早点铺品尝桐城朝笏包油条。这道早点，缘于清朝时桐城人恭贺张英当上宰相而特制的形似朝笏的面饼。饼刚出炉时，嫩黄松软，香脆可口，再夹上一根油条一起吃，口感丰富，味道妙不可言。

离开桐城时，你可以去丰糕店买几笼桐城丰糕。丰糕洁白如霜，松泡绵软，香甜味鲜，甜而不腻，口感绝佳。丰糕有多种吃法，可以油煎，可以水蒸，还可以用肉汤泡，等等。

桐城美食众多，那口齿留香的感觉和绵延的余味，让人难以忘怀。

（光其军　撰）

# 后 记

桐城历史悠久，山川秀丽，人文兴盛，社会繁荣，历代史志、家乘、先贤著作多有记载。尤其是改革开放四十多年来，有关这些方面的著作更是层出不穷，它们从不同侧面展示了桐城的风采，展现了桐城文化的博大精深。

今天，根据桐城市有关领导的指示精神，由市人民政府办公室主持编纂的《说话桐城》一书和大家见面了。这是接受诸多有识之士的建议，由二十多位地方文史专家和作协会员合力完成的一部短小精悍、携阅方便，系统展现桐城文化特色、亮点的普及性简明读本。这本书的编写目的是让身处外地的众多乡友更加了解桐城，心念家乡，关心家乡发展；让胸怀壮志的莘莘学子更加热爱桐城，记住乡愁，增进家国情怀；让在桐奋斗的广大干群更加熟悉桐城，造福市民，建设美好家园；让来桐研学游的远道客人更加关注桐城，宣传桐城，提高桐城的知名度。短章小品，难堪大任，但“绳锯木断，水滴穿石”，能获此于万一，亦不枉抛砖引玉之忱了！

本书内容由山川形胜、历史足音、杏坛弦歌、文艺画廊、先贤往迹、社会荣景六个部类组成，每个部类下或以时间先后、或以事物类别为序，分题撰写该部类中最具代表性的事物，图文并茂，以展示桐城的特色和亮点。除少数组合性内容外，原则上一题一事，千字左右，简洁明了。题名就实避虚，力争新颖别致。

本书作为桐城文化的普及性读本，力求以白话文的形式、以叙事文的笔法讲述好桐城故事。力求语言雅洁、明白晓畅，娓娓道来，平和亲切；融理于事，植情于景，感染读者，产生共鸣。本书纪年，民国以前用帝王年号纪年，农历纪月，每篇文章首次出现的不同年号均括注公元纪年。逊清以后，统一用公元纪年，公历纪月。

本书于2024年1月25日正式启动编纂工作。经过三轮选题，五易其稿，于8月12日将文字送审稿呈送安徽大学出版社审改，后又经过几轮反馈修改，于11月19日终审定稿，交付出版。其间得到了安徽大学出版社、桐城市关工委、桐城市新华书店、桐城市文联的大力支持与协助，得到了安徽大学出版社刘德萍社长、桐城市关工委王志义主任、安庆市新华书店副总经理张小平的亲临指导，在此一并表示最诚挚的感谢！

本书虽然体量不大，但时间紧、要求高，编者能力有限，难以企及桐城文化在广大读者心中的隐形标杆。舛讹不足之处，诚盼不吝赐教。

潘忠荣

二〇二四年十一月